"十四五"普通高等教育本科部委级规划教材

U0747569

专业表达与沟通

上册

杜娟　主编

中国纺织出版社有限公司

内 容 提 要

本书主要内容包括沟通的作用、沟通前的准备工作、沟通内容的设计、语言沟通与非语言沟通、沟通心理和方法、职场穿着规则、自我认知。本书体现了作者多年工作经验的全面总结及对设计专业中"表达与沟通"理解的维度变化，同时配合大量的案例解析。本书旨在提升大学生的专业表达与沟通能力，关注大学生核心素养体系的构建与设计师沟通能力的培养。本书可作为高等院校大学生的选修课教材，也可作为设计师及设计行业从业人员提升自己沟通能力的参考书。

图书在版编目（CIP）数据

专业表达与沟通. 上册 ／ 杜娟主编. -- 北京：中国纺织出版社有限公司，2022.8
"十四五"普通高等教育本科部委级规划教材
ISBN 978-7-5180-9579-7

Ⅰ. ①专… Ⅱ. ①杜… Ⅲ. ① 语言表达—高等学校—教材②心理交往—高等学校—教材 Ⅳ. ①H0②C912.11

中国版本图书馆CIP数据核字（2022）第092358号

ZHUANYE BIAODA YU GOUTONG：SHANGCE

责任编辑：朱利锋 责任校对：王花妮 责任印制：王艳丽

中国纺织出版社有限公司出版发行
地址：北京市朝阳区百子湾东里 A407 号楼 邮政编码：100124
销售电话：010 — 67004422 传真：010 — 87155801
http://www.c-textilep.com
中国纺织出版社天猫旗舰店
官方微博 http://weibo.com/2119887771
唐山玺诚印务有限公司印刷 各地新华书店经销
2022 年 8 月第 1 版第 1 次印刷
开本：710×1000 1/16 印张：10
字数：126 千字 定价：68.00 元

前言

虽然从孩提时期开始，我们便开始尽其所能地表达自己的想法。但是，现实情况不太乐观，许多人依然没有解决表达的问题，也越来越不擅长沟通。互联网的出现让情况变得更加糟糕。信息时代的通信技术帮人们实现了在任何时间、任何地点，以任何方式进行全天候的交流，也因此让人们失去了更多面对面与他人交流的机会，那些转瞬即逝、一闪而过的听说过程，越发变得弥足珍贵。

在校园里，同学们不太愿意在公开场合发表演讲，不注重表达自己，尤其是在近百人的大课堂上，能够主动回答问题、与教师进行互动的学生寥寥无几。即使有机会表达自己，他们的语言组织与逻辑表达能力也让人堪忧。

基于此，北京服装学院设计管理与沟通项目组编写了教材《专业表达与沟通》，旨在提升在校大学生的专业表达及沟通能力。该书是项目组历经多年教学沉淀后总结的设计提案思路与表达沟通的方法论集合，既是工作经验的全面总结，也涵盖了项目组多年来对设计专业中"表达与沟通"理解的维度变化，同时配合大量的案例解析。本书提倡实践教学活动中商务技巧的规范化和普及，致力于关注大学生核心素养体系的构建与设计师沟通能力的培养。

《专业表达与沟通》（上册）共分8部分，即表达与沟通概述；表达沟通前必须做的准备工作；能够吸引听众的具体表达方法与逻辑思维构建的基本原理；语言表达与沟通的核心；非语言沟通的具体表现形式；沟通时的心态与方法；专业表达与沟通时的穿着规则；自我认知与职业生涯的关系。

此外，该书分别从人际沟通心态、商务礼仪文化、职业道德规范、中华传统美德的角度融入课程思政元素，通过案例讨论、课后作业、综合训练、思考题等提升学生的辩证观念、自学意识、心理素质与社会责任感。

《专业表达与沟通》（下册）将延续本书的内容，从功能、设计和审美角度出发，讲解在语言表达的基础上，如何通过演示文稿辅助语言表达，强化沟通技巧，提高沟通效率，增强沟通效果。

该书由杜娟执笔，王左左参与了封面与版式设计，陶铃予绘制了所有的插图，范文昊为本书收集了很多精彩的案例，在此对各位同事的辛苦付出表示真诚的谢意。还要诚挚地感谢我的父母，如果没有他们的大力支持，也不会有这本书的完成。在此将这本书献给我的家人，献给辛苦付出的同事，更要献给急切需要提升表达沟通能力的同学们。

由于作者水平有限，编写时间紧迫，书中难免存在不足和疏漏之处，敬请广大读者批评指正。

该书为"十四五"普通高等教育本科部委级规划教材，为北京服装学院教材出版专项资助项目。

杜娟

2022年4月

目录

第五部分 非语言沟通

第六部分 沟通心态与方法

第七部分 穿着规则

第八部分 自我认知

绪言

    很多同学向我提出了一些有关表达与沟通的困惑。他们希望表达自己的观点，但又羞于引人注目；他们想要提出质疑，却又害怕"言多必失"；他们意识到表达与沟通的重要性，却不知道语言、逻辑、倾听、理解、反馈、眼神、表情、手势、穿着等都是其范畴中的重要方面。

    表达与沟通不仅应用在当代人生活中的方方面面，其能力的高低更是影响大学生未来成功的重要因素之一。当代社会强调合作、协调、沟通、交流，大到国家运转、政府管理，小到家庭协作、人际关系，都需要人与人彼此之间的交流与沟通。

    我们不可能随时收回说出口的话，也不可能反复修改后再讲出去。说话的过程永远是进行时，我们可以努力让下一次表达发挥得更好，但是只要一开口，无论表现如何，便只能如此。

    有些毕业生在谈到沟通能力对自己职业生涯的影响时都颇为感慨。有些人踏实肯干、认真努力，在某些专业技术领域小有成果，但是，往往因为表达能力欠缺，或者不擅长与他人沟通，失去了一些唾手可得的发展机会。还有人因为沟通能力差，总是与领导和周围同事关系紧张，每天的情绪起伏都很大，每一份工作都做不长久，产生了职业发展的困扰。

    沟通的不顺畅、不充分，会让彼此产生隔阂，这种距离感会影响人们生活工作的方方面面。沟通失败会造成误解，会答非所问，会产生负面情绪，还会让身心饱受折磨。

言语不明　答非所问

医生：哪里不舒服？

患者：身体不舒服。

医生：身体哪里不舒服？

患者：肚子不舒服。

医生：肚子哪里不舒服？

患者：不知道，就是不舒服。

医生：不舒服持续多久了？

患者：很久了。

描述歧义　误解重重

A：我最近发现一部特别好看的电影。

B：真的啊？你推给我看一下。

A：××电影，特别好看。

（其实B看完后感觉电影平平无奇，剧情也非常老套。）

A：你觉得这部电影怎么样？

B：不好看啊，剧情很平淡啊。

A：……我是说这部电影的光影和画面很好看。

逻辑混乱　观点不明

面试官：你觉得自己的哪些能力可以匹配公司的这个职位？

求职者：我认为，一般来讲，我必须慎重地考虑考虑这个问题。我相信自己能够做好，我是单身状态，这样来说，对这份工作会更感兴趣，本人也是经过了深思熟虑，在每个日日夜夜思考这个问题，自知之明是最难得的知识，带着这句话，更加慎重地审视这个问题，能力确实很重要。对于这个职位的匹配而言，对了，我家离贵公司比较近，当然我也经常去健身房锻炼身体，老子曾经说过："知人者智，自知者明。胜人者有力，自胜者强。"只要您愿意给我一个机会，我在大学期间也经常帮老师整理资料，与同学处得还不错，我觉得我可以胜任这个职位。

信息冗杂　啰嗦赘述

老师：最近实验做得怎么样？有没有什么困难？

学生：是的，老师。确实遇到了困难。

老师：遇到了什么困难？

学生：一开始买仪器的时候，拜访了很多家，不停地对比价格，最后才找到合适的商家。等买了仪器开了发票后就开始做实验，可是这个实验结果怎么做都做不对。我又去问不同领域的师兄师姐，再调整，才保证实验的顺利进行。但是最后我在网上查阅相关资料的时候却发现，我研究的这个课题已经有人做过并发表了。

老师：所以你遇到的困难就是，你的课题别人已经研究过了？

学生：是的，老师。

平淡无趣　单调乏味

A：最近在忙什么？

B：没干嘛，在家待着。

A：没有发生什么有趣的事情吗？

B：嗯……我养了一只猫，还有一条狗。

A：哦？快讲讲，有啥趣事发生？

B：上次我回到卧室发现它们两个正在打架，我就去把它们两个拉开了，然后我就去看电影，可是过了一会它们又打起来了，我也没有再去管它们，等到我再回到卧室的时候，发现它们已经睡着了。

A：然后呢？

B：然后我就去做饭了。

哈佛大学前校长德雷克·博克介绍，美国以哈佛为代表的大学都强调将培养表达能力视作大学本科教育的核心目标，他认为，所有的本科生都需要提高各种形式的表达能力，其中最广为人知的是精确而优美的书面表达能力，其次是清晰而有说服力的口头表达能力❶。

设计作为专业的商业服务活动，其沟通的专业性和技术性要结合设计专业的背景而展开，依赖于设计师与相关团队的沟通能力。高超的创意和先进的技术属于沟通力的一部分，而最关键的部分在于：在整个商业服务过程中，设计团队与相关合作伙伴、利益方之间形成良好的沟通，准确理解重要信息的含义，降低因沟通不畅产生的各种风险和不确定因素，及时达到既定诉求。

设计师在不同场景下面对不同对象（如客户、管理者、同事、观众）时，沟通方法与表达语言都会存在一定区别。很多人在讲话时信心满满，事情过后却心生沮丧，各种挫败感油然而生。比如，陈述者在提案的过程中啰里吧嗦地陈述了一大堆，客户却无法领会设计提案中的要点或主旨；还有的陈述者将PPT做得非常烦琐、迷幻，使用了大量的精美图片与动画效果，分散了听众的注意力，妨碍了陈述的完整性；更有甚者，在陈述过程中全程对着屏幕逐行逐句地念上面的文字，根本不在乎观众的感受和自己的表达效果。

表达与沟通不是简单地将信息讲出来或写下来，其最终的目的是降低沟通

---

❶ 德雷克·博克新. 回归大学之道：对美国大学本科教育的反思与展望 [M]. 侯定凯，等，译 . 上海：华东师范大学出版社，2008：72.

成本，同时有效地推动事情的发展。让对方清楚地了解你的主要目的是什么？要和对方沟通些什么？希望解决什么问题？延续哪些方面的探讨？其真正的难点，是陈述者所表达的自己"以为重要的"，与别人"想要听到的"保持一致。在什么时候以什么样的方式将关键信息传达出来，是表达与沟通中最重要的也是最应该明确的任务。

表达与沟通是和设计实践紧密相关的能力，对于创新型人才的培养，很重要的方面就在于沟通能力的培养，这是每一名优秀设计师应该具备的素质。

如果你是一名在校大学生，专业表达与沟通的场景应用如下：

- 已有场景中的应用：陈述、演讲（单向表达能力）。
- 新场景中的拓展应用：讨论、答辩、提案、面试（双向交流能力）。
- 未来场景中的应用：专业表达与沟通（多向沟通能力）。

如果你是一名设计师，也许你会遇到过如下情况：

- 讲述了很多产品理念、设计概念，却不能使听众产生应有的共鸣。
- 收集了很多资料，做了很多张幻灯片，却无法将琐碎的信息进行有效整合，也无法梳理出最关键的信息。
- 可以做出非常有价值的设计，却不了解如何运用正确的方法讲述你的设计或进行专业的提案，同时带给观众应有的价值与强烈的印象。

本书力求帮助你改变现状！

第一部分

沟通的力量

沟通，从概念上来讲，是为了一个设定的目标，把信息、思想和情感向某个人或特定的群体传递，并且达成共识的过程❶。德国著名沟通学专家、汉堡大学心理学教授弗德曼·舒茨·冯·图恩将人际沟通拆解成四个维度：事实、关系、自我表达和诉求❷。当人们面临一些复杂且困难的交流情景时，每一次明确的沟通都建立在这四个维度之上。沟通本身就是人际关系的互动过程，如果缺乏沟通，人和人就会处在僵硬、隔阂、冷漠的状态，会引发彼此误解的局面，给工作和生活带来极大的阻碍。

　　2013年，研究学者就发现，对手机短信、电子邮件和社交网络的频繁使用，已经导致年轻人面对面交流与沟通的能力开始退化。在当下这个互联网信息大爆炸的时代，人们工作生活的节奏越来越快，社会分工愈发细致，人与人之间不仅需要加强思想交流，现代行业之间也迫切需要互通信息，这一切都离不开沟通。

　　对个人而言，良好的沟通能够给予我们精神力量，使我们更加坦诚地面对生活，在人际互动中充分享受安全感。每个人都是单独的个体，同时身处于不

---

❶ 许晓伟.设计中的沟通[M].北京：知识产权出版社，2016，3-12.
❷ 弗德曼·舒茨·冯·图恩.极简沟通的四维模型[M].冯珊珊，译.天津：天津人民出版社，2020，4-6.

同的家庭、小组、团体、单位、组织之中，我们时刻都在阐明立场、表达观点或者拒绝别人。不难想象，如果没有沟通，所有事情都难以处理，工作也难以展开。

对组织而言，良好的沟通能够使整个团队朝着统一的目标去努力，使战略决策更加合理、有效。领导者能够通过沟通，激励员工更高效地工作，发挥他们各自的特质与能力；员工能够通过沟通达成共识，更加精诚团结密切合作，更加充分地理解、执行领导的意图和决策，推动项目的顺利进行。

1.表达

"表达"一词，在《现代汉语词典（第6版）》意为"表示（思想、感情）"。我们可以用语言进行多种形式的表达，无论是运用文字书面表达，还是通过口头阐述，都是解释自己想法的形式。表达的核心是能够成功输出精准的信息、明确的观点，从而达到自己的目的。思维离不开语言，语言是思维的载体。一个人的表达能力是思维能力和语言能力的综合体现。

（1）书面表达的形式。

书面表达的形式有通知、请示、工作计划、工作总结、会议纪要、报道等。在进行书面表达前，必须明确如下问题：

● 你想要从中获得什么？

● 别人需要知道什么？感受能到什么？

● 挖掘读者的诉求，如关注点、兴趣点、需求点、利益点。

● 写作时信息精准、重点突出、逻辑清晰、简明扼要，让读者迅速了解你的观点。

● 写文章时，缩短写作时间，减少修改次数。

● 让人愿意看、看得懂、记得住、有共鸣。

上海国际文物艺术品交易中心揭牌（节选）❶

批注【1】：重要事实，一目了然。

批注【2】：呈现时间（when）、地点（where）、项目合作方（who）、做了什么（what）等重要信息。

批注【3】：解释战略部署的原因（why），同时证明市场发展态势活跃，前景良好。

批注【4】：未来的计划与机遇。

近日，上海国际文物艺术品交易中心揭牌。【1】

2020 年 11 月 10 日，国家文物局和上海市人民政府签署了《共同推进社会文物管理综合改革试点合作协议》，启动全国唯一社会文物领域系统性改革试点，并将"建设国际文物艺术品交易中心"列为改革试点最重要任务。【2】

上海文物艺术品市场有着良好的底蕴优势，并呈现出空前活跃的发展态势。第三届上海国际艺术品交易月期间，上海集中举办了 302 场艺术活动，包括 6 场艺术博览会、132 场美术展览、46 场展览展销活动，参与交易的国内外市场主体达 420 余家，累计交易艺术品货值达 108 亿元。【3】

上海市文化和旅游局局长、上海市文物局局长方世忠介绍，依托上海国际文物艺术品交易中心的建设，2022 年，上海将围绕增强文物艺术品市场的全球资源配置能力，以更开放的政策、更优质的服务、更活跃的市场，努力实现新作为。【4】

---

❶ 曹玲娟. 上海国际文物艺术品交易中心揭牌 [EB.OL].http：//www.news.cn/culture/20220318/78d67a8dad054bc0a0ba9e39440ff8e7/c.html, 2022-03-18.

（2）口头表达的形式。

口头表达的形式有说话、提案、演讲、述职、讲课等（图1-1）。在进行口头表达前，需要迅速构思如下问题：

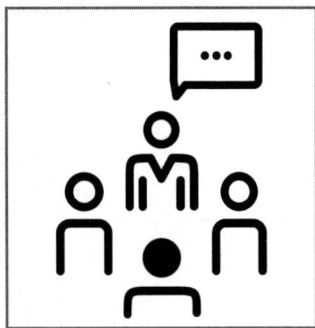

图1-1

- 你想要从中获得什么？
- 别人需要知道什么？感受到什么？
- 了解听者的诉求，如关注点、兴趣点、需求点、利益点。
- 表达时信息精准、重点突出、条理清晰，简明扼要，让听众迅速了解你的表达意图。
- 有限时间内高效表达，减少赘述。
- 让人愿意听、听得懂、记得住、有反馈。

学生在课堂上有很多发言的机会，这种即兴的表达，构思时间是极短的，应该在话题范围内，迅速在脑中构思出一个简单的口头提纲。比如，主要观点是什么？有几个论据进行论证？如何结尾？口头表达的时间虽然不多，但是只要迅速在心中梳理出重点或关键词，概括出主要的句群，也能讲述得有理有据，非常精彩。

表达不只是把话说出来，或者把文字写出来，而且要让说出的话、写出的字达到预期的效果。这不是重复几遍的问题，而是能否在最短的时间，用最精炼的文字，把自己想要传达的信息表述清楚，这就是表达能力高低的问题。如何有效地提升表达能力会在第3部分"内容设计"中进行详细讲解。

考官：你为什么要报考我校的研究生呢？

考生：我认为原因有如下两点。第一个原因是随着我在本科学习的不断深入，我认识到自己在专业能力方面的不足，还需要不断地提高，同时我报考的这个专业从另一个维度拓展了我的专业认知，我希望在这个专业继续深造。第二个原因是现在社会的竞争越来越激烈，我希望通过研究生的学习提升自己的个人能力与综合素质，让自己变得更有竞争力，在提高自己的同时也能为社会做更多的贡献。

（3）设计创意表达。

设计创意表达的形式有说话、汇报、提案、竞标、演讲等（图1-2）。在进行设计创意表达前，必须明确如下问题：

● 你想要从中获得什么？

● 别人需要知道什么？能够从中得到什么专业才智？

● 了解利益方的诉求，如解决问题的方法、对策、方案等。

● 在展现清晰思路的基础上，用逻辑论证的方法突出设计方案的可行性。

● 知道目标以及如何完成，传达自信。

● 准备充分，尊重他人的观点和时间。

对设计创意的表达，其目的是进行相关

图1-2

的设计沟通，为后期方案的实施提供良好的前提。比如，设计组织内部人员之间的沟通，设计组织与客户之间的沟通，都是为了完成设计目标，对设计用意和设计内容进行反复沟通，以便帮助相关人员理解设计的依据。

专业表达与沟通一定是设计师凭借逻辑和理性展现自己的专业所长，解析重要的信息，而不是依靠感觉或者直觉的表达。表达与沟通都是手段，目的是让干系人明白设计师的决策就是最佳方案，使其得到最终认可。

TIPS:

我们要明确设计师在专业表达与沟通中的禁忌。换句话讲，在设计创意表达时我们不能说什么，不能做什么。

◆ 不能呈现抱怨的态度。
◆ 不能暴露负面的情绪。
◆ 不能表达得语无伦次。
◆ 不能显示毫不相关的内容。

案例三 ❶

这个五环可以转动的奖牌叫"五环同心"，是2022年北京冬奥会193个奖牌设计方案海选里的第一名。其设计灵感来自古代天文仪器浑仪和日晷，奖牌中五环上的四个纹样代表了中国历史上不同阶段最著名的科技成果，分别是宋瓷冰裂纹、丝绸菱纹、青铜器云雷纹、仰韶彩陶纹。

---

❶ https：//v.douyin.com/NCcs3kJ/ .[2022-2-24].

首先，为了契合本届冬奥会"简约、安全、精彩"的理念，[5]奖牌的纹样从原来的四种减成了两种，其中一环的纹样是呼应 2008 年奥运会的祥云纹，另外一环的纹样是冰裂梅花纹的演变纹样。[6]冰梅纹最早源于清康熙时期，冰梅纹冰肌玉骨，最能体现出梅花的傲气和冬日的景象，奖牌把梅花换成了雪花，这样不失寓意又能与冬奥的主题相呼应。

其次，奖牌正面[7]的五环经过打洼处理，灵感来源于西周同心圆纹玉璧，古代玉有璧、琮、圭、璋、璜、琥六器，即为古代祭祀天地四方的礼器，以苍璧礼天，以黄琮礼地是中国最高的礼遇，这也与 2008 年奥运会金镶玉的玉璧理念一脉相承，都体现了双奥之城。

最后，奖牌的背面[8]设计是一个天文星图，其灵感来源于古代天文学的"七衡六间图"，《周髀算经》的七衡六间图是用来描述太阳周年运动规律和二十四节气变化之间的关系，轨道上的 24 个点代表了本届是第二十四届冬奥会，同时对应二十四节气，与本届冬奥会开幕式二十四节气的倒计时相呼应。就此奖牌进化完成，是竞赛的荣誉，也是世界的"同心"。

2.沟通

"沟通"一词，意为"使两方能通连"。沟通的英文是 communication，其中之一的解释为"the way people express themselves so that other people will understand"，意

旨信息表达、交流；在电子领域则意为通信。

日常生活中经常会使用"沟通"一词，它似乎是解决生活中方方面面问题的一个重要手段。去除分歧需要沟通，化解矛盾需要沟通，增进了解需要沟通，寻求支持也需要沟通。

（1）沟通的内涵。

斯坦福大学沟通力与领导力教授彼得·迈尔斯（Peter Meyers）将语言组织能力纳入沟通维度中。以往的研究发现，沟通通常被认为是一种具有积极作用的治理方式，它可以起到降低交易成本、增强信息交流以及减少人际关系风险等积极作用❶。由此可见，沟通远远不止传递文字或进行语言表达，它更像是一种多维度的"行为艺术"。

沟通是彼此或多方干系人相互理解的过程，无论采用何种沟通方式，都是以达成共识作为最终目的。一旦信息的传递超出了接受者的理解范畴，双方不能准确理解信息的含义，沟通成本往往以我们想像不到的方式不断叠加，造成效率的极大降低。

（2）设计沟通。

许晓伟在《设计沟通》中将沟通界定为"信息的传递和意义的传达能够同时被理解"。他指出："设计没有标准答案，设计只有适合特定群体和情景的'得体'。"对于设计组织内部而言，比如设计院校中的师生或者设计公司

---

❶ 杨付，张丽华.团队沟通、工作不安全氛围对创新行为的影响：创造力自我效能感的调节作用[J].心理学报，2012，29（10）：1384.

的员工，都属于设计技能成熟的专业人士，彼此对设计的认知与角度都相差不大，沟通起来比较顺畅。当设计师面对设计组织外部的人员（比如客户）时，他们可能是由任何普通人的角色转变而来，对设计创意的评价角度与立场也会有所不同。因此，创意评价的不确定性所带来的工作阻力可能是巨大的，而唯一能够减少阻力的方式只有"设计沟通"。

为了达到设计目标和既定诉求，设计沟通是至关重要的。设计组织对设计过程的管理主要依托于设计沟通的质量与方式。设计创意本身就是一个群体合作的过程，需要充分发挥每个参与者的创造潜能和聪明才智，达成最佳的效果。比如，在设计评审的过程中，会有若干参与对象：项目设计师、产品负责人、技术负责人、项目协调人等，只有设计师自己觉得产品很好还不够，还需要站在非常客观的视角去证明设计的创新点，同时要把方案背后的用户需求、产品价值、技术支撑、数据分析梳理成逻辑的思考过程，将这些具有专业特性的信息转换成别人能够明白的语言，让参与本设计项目的干系人能够理解，让利益相关者达成共识。

> **案例四**
>
> 客户：我想把家装修成极简风格，因为我感觉这种风格花销会比较少。
>
> 设计师：您这个想法我可以理解，不过极简风并不是装修得简单，花钱也一点不少。[9] 您看这几张

批注【9】：确认对方的真正需求，避免信息误差。这是进一步沟通解释的前提。

极简风的图片，装修全部追求极窄的边框，所有的收口都要窄，尺寸需要在两厘米以内。还有，这种风格所需要的工艺，对所有墙面或瓷砖的平整度要求很高，用的材料也比传统材料多数倍。所以极简风并不是最省钱的风格，甚至比普通的装修贵出几倍不止呢。[10]

批注【10】：总结强调观点。

（3）沟通误区。

首先，很多人认为沟通就是说话，其目的是让对方同意自己的观点。这种认识是不全面的，沟通的目的是使沟通双方或多方对信息意义的理解达成共识，尽量将信息不对称的可能性降到最低，从而构建出一种合理的人际交往过程，使人们的合作达到效率最大化。

其次，沟通的方式多种多样。说话是其中最常见的沟通形式，同时，人们还可以通过文字、表情、肢体动作，或者借用工具、媒介来达到沟通的目的。为了与干系人达成共识这个核心目标，在不同的场景下，可以依据客观条件的不同选择适合的沟通方式。这与人生阅历、工作经验、生活习惯都息息相关，需要平时对生活进行细致入微的观察与积累。

再次，沟通既是一个兼顾多维度的"行为艺术"，也是一个动态变化的过程。理解自己正在使用的沟通方式很重要，每个人都应当构建出自己"独具风格"的表达与沟通方式。随着经验的不断累积，更好地运用这些方法，同时应该根据当下沟通情形及时调整沟通策略，确保他人不会觉得你是在蹩脚地照本宣科。

3.你的角色

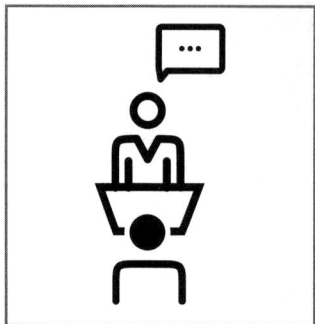

图1-3

（1）陈述者（图1-3）。

工作中的述职报告、申请学校时候的自我介绍、线下会议的小型汇报、线上平台的播客分享，都是其中一方主动用言辞、语调和方法传递特定信息，力求引起干系方特定的反应。作为陈述者，表达的关键在于清楚自己想要传达的信息，而且确定能够达到预期的回应。

美国表达策略大师米罗·弗兰克提出了一个30秒理论，大致意思是，如果一个人在30秒内说不清自己想要表达的观点，那么之后就再也说不清楚了。常见的错误陈述方式如下：

● 陈述常以一个非常平淡烦琐的介绍开始，冗长地介绍相关背景或历史流变，很长时间都无法切入正题，让听众如坐针毡。

● 试图在陈述中覆盖所有相关信息，力求在有限时间里陈述得面面俱到。

● 在陈述快要结束时，才潦草地扔出本次陈述的关键信息。

案例五 ●

2018 年底出台了"新首钢三年行动计划"，600

● https: //www.bilibili.com/video/BV1kL4y1M7om?spm_id_from=333.337.search-card.all.click.[2022-3-21].

亿元投资落地，51个项目完工，成就了新时代首都的城市新地标，更是老工业区改造更新项目中的典型与代表。接下来，我从三个方面来讲它的设计思路。[11]

第一点，场地激活。场地的激活再利用是需要从城市的维度出发，并根据政策去判断更新的一个方向，比如，北京首钢借助了东奥这个核心IP，为该项目带来了大量的资源和关注度，顺利地实现了功能的转型。另外，从场地所在的区位出发，分析它周边可以利用的经济和景观等资源，进一步提升商业价值和建筑品质，从而吸引大型企业来入驻。

第二点，保留记忆。保留记忆并不是单纯的去重建老建筑，而是运用现代的材料和建筑手法，将时代的印记铭刻在建筑中。北京首钢039地块，就是一个非常好的案例，在3350个车间和1.6万平方米的制氧厂房改造上，设计保留了具有工业特色的桁架序列和外表皮，同时，新扩建的区域采用"织补"的手法力求与老厂房在气质上保持协调，重塑地块的建筑风貌。[12]

第三点，科学尺度。设计在改造的过程中，要注重空间的适宜性。北京首钢这些工业遗存大多是依照工业生产进行布局，所以尺度非常巨型，让人缺乏亲近和安全感。设计通过植入一到两层的中尺度新建筑来弥合工业尺度与人性尺度之间的差异，这些加建的建筑，可以很好地"缝合"基地内散落的工业构筑物，让原有的布局巧妙地转化成了一个景色宜人、充满活力的不规则五边形院落。[13]

批注【11】：言简意赅地强调项目亮点之后，马上进入正题。

批注【12】：举例说明，用案例进行解释。

批注【13】：对实际问题的具体解决办法。

（2）演讲者（图1-4）。

我们对演讲的普遍认知是专业的、有准备的、面对大量观众的、一方主动输出信息的交流方式。比如专业机构举办的论坛或者峰会、很多知识付费平台上的公开课等。

演讲并不是单纯的自我表达，而是在特定的场域下一对多地进行沟通，将既定信息传递给目标人群。与此同时，现代生活中的演讲形式已经不再局限于台上的高谈阔论，而是随时随地都会发生的即兴演讲。作为演讲者，需要自如地应对需要发表观点的各种场合，这种能力在未来世界会愈发重要。

图 1-4

（3）沟通者（图1-5）。

工作或生活中的大部分情形是，双方为了推动某件事情的进展，彼此进行主动的、带有强烈目的性的沟通。比如线上或线下的日常交流、事先约定的会议等，相关干系人的沟通意愿都很强烈。与人交流沟通时，除了要做到清楚表达自己的意见，也必须学会认真聆听对方讲话，了解对方最在乎、最关注的部分，如此才能充分认知彼此的看法差异，进而寻求解决之道，逐步建立共识。

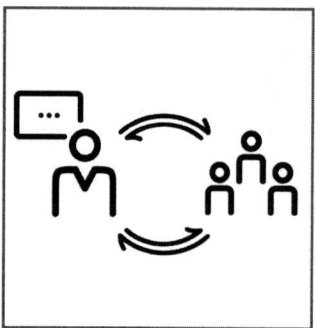

图 1-5

另外一种情形是，一方想要主动获取信息，试图推动事物的进展，而干系人可能处在不知情或比较被动的状况下，别人突如其来地抛出一个问题，干系人通常会觉得莫名其妙，难以回答，有时甚至会产生强烈的抵触心理。此时双方的沟通意愿就产生了强烈的倾斜，主动沟通者必须降低双方沟通的围墙或者鸿沟，理解对方的立场，降低对方的心理防御，同时评估自己的交流方法，减少沟通的阻力。

4.设计师的沟通能力

（1）使用对方熟悉的语言。

各个学科都有自己的业务行话，或者是专业用语，这在特定领域的团队内部是非常有价值的，它简化了内部交流，同时支撑着团队文化。当设计师与跨部门或组织外部沟通中使用行话时，可能会产生纠葛或矛盾。因为同一个词对于不同认知的人而言也许具有不同的含义，这取决于他们的教育背景、生活经历和当时的情绪。认知偏差会导致观点出现分歧或产生出乎预料的结果。

在多方干系人参与的场景下，那些由一连串术语、固定词汇和讲话方式构成的行话对于业外人士来讲会存在理解上的障碍，会让大多数听众产生疏离感与不被尊重的感觉。一旦他们产生排斥情绪，认为设计作品难以理解，便会进一步增加沟通的难度。

案例六

项目总监：关于 BIFT 项目，我们已经完成了一个具体的 MRD，对项目的背景和收益进行了深入的分析，也强调了对于 DAU 提升的一个预估。关于产品方案，我们也提前与 FE 和 RD 进行了沟通，同时计划周四与 UI、UE 一起开个需求评审，联合前后端做一个整体排期计划。【14】

（2）善用视觉信息（图1-6）。

图1-6

设计是视觉形式的语言。设计师可以将重要信息、概念与干系人进行解释、阐述，同时利用视觉信息如草图、情绪板、PPT进行辅助沟通，确认信息接收方是否对设计理念、设计决策、设计方法等达成了共识。说服力是建立在足够的专业能力与强大的沟通能力之上的，千万不要让专业提案变成冗长的赘述，也不要让PPT变成毫无用处的光影屏幕，进而成为交流与沟通的阻碍。

TIPS:

◆ 结论先行，将最重要的内容放置在开场。
◆ 不要把关键信息隐含在大量文字中，让自己和观众能在幻灯片中迅速抓取关键信息。
◆ 适当使用软件中的动画功能，技术永远要为陈述内容服务。

（3）具备合作心态（图1-7）。

目前，设计课堂中有部分学生喜欢独来独往，设计过程倾向于自我封闭，缺乏团队合作的态度和沟通交流的意愿。很多学生在向设计师转变的过程中，无法正确理解商业和设计的关系，认为可以独自一人完成整个设计，自己具备单打独斗的能力和底气。

殊不知，在真正的设计工作中，设计前期、中期、后期都需要有不同专业背景的团队成员参与，有不同领域的知识作为支撑。合作中的不断沟通能够减少设计工作中的阻力。如果设计沟通的机制没有及早建立起来，进行设计决策前缺乏对问题的预测，缺少不同视角的意见，那么就会降低自己在将来面对客户质疑时的反应能力。

图 1-7

设计项目在产生的过程中会出现各种问题。正是因为这些问题，才会让设计师进一步思考，发现问题的根源，提高自己处理周边人际关系的能力。有效参与到团队合作中，能够促使自己与他人互动，让自己尽快成长起来。这里的成长不仅指业务能力、技术能力，还包括妥协、仔细倾听、谨慎思考、言简意赅地解释等，这都是对沟通能力的提升以及对心智的不断磨炼。

● 思考题

你认为表达与沟通的区别在哪里？请尝试说明。

● 练习题

请做一个即兴表达，向你熟悉的同学推荐一本书或一部电影，并在 1 分钟内清晰、简单地解释你推荐的理由。

第二部分

准备工作

作为一名专业人士，设计师必须提前对听众的需求进行缜密且有逻辑性的诊断，这是设计提案能否达到既定效果的关键。换句话讲，对听众的背景和情况进行基本地了解是专业表达与沟通准备工作中不可或缺的一环。面对不同的听众，陈述方案与沟通方式都要有所区别。这就好像医生面对不同病人开出的药方一样，要有针对性，要对症下药。

图2-1

1.确认目标听众（图2-1）

在一场专业提案中，听众的构成比例可能十分复杂，这是演讲者最常遇见的情况。具备不同专业背景的听众坐在一起，意味着他们的年龄、认知、立场、期待都各不相同。所以严格来讲，并没有适用于所有听众的"万能型演讲方案"。这对每一个陈述者来说都是极具挑战的，同时作为一名专业的设计师，在准备陈述方案之前，必须要问自己如下的问题（图2-2）：

● 是否有非设计专业背景的听众？举个例子，如果你在公司进行一场专业的提案陈述，听众当中既有实习生、职员，也有经理和董事，他们的认知水平和看待事物的角度会相差巨大。

● 你是否想要或者真的需要和在座的所有人进行沟通？你的陈述内容究竟能影响谁？

图 2-2

● 你需要辨别谁是最需要被说服的那个人，谁是真正的决策者。

● 听众对你即将陈述的主题了解多少？哪些信息应详解？哪些信息应简述？

● 你本次陈述的核心观点是什么？应该概括梳理出哪些信息作为论证的基础？

● 如果需要听众理解并接纳你的建议，需要补充哪些信息？你能否用所有听众都能理解并做出反应的语言来进行表达和沟通？（图 2-3）

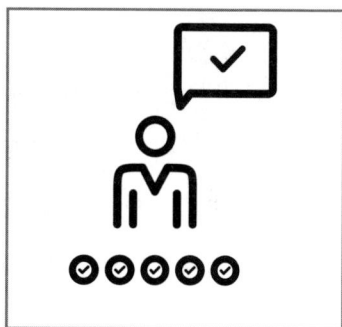

图 2-3

在未来的工作中，我们经常会进入某个未知情境，完全不清楚自己将要面对哪些人、哪些状况。比如，我们会被安排参加一些重要会议，在工作场合会见一些素未谋面的人，临时拨打一个沟通电话……即便是被动地进入这样的场景，这些事情在一定程度上都与其他工作有着衔接和对应，换句话讲，做这件事情是为了达到某种目的和效果。

那么，为了实现这个目的，就应该选择正确的听众，知道向谁表达最有效。一旦确定了目标之后，就一定要确认谁能满足你的需求，有靶向性地进行表达和沟通，避免在黑暗中无目的地"胡乱扫射"。

这也是专业表达与沟通中应时刻铭记于心的重要法则。

2.描绘听众画像（图2-4）

图2-4

在一场设计提案的陈述或沟通中，你的表达必须具备一定的靶向性，选择正确的目标听众，知道向谁表达最有效，谁能够帮助你解决问题，做出决策。而在一场公开演讲中，你的主要任务是分享信息、经验或观点，在这样的场景下想兼顾到所有不同类型的听众需求是非常不现实的。

如果你必须同时面对五花八门的听众，那么你的陈述内容和形式就要兼顾不同认知水平的人群，从大家都能够听懂理解的角度去表达。但是，这样做的后果可能会消磨部分听众的耐心和兴趣，他们甚至会中途离席。

你可以通过如下十个问题描绘出基本的听众画像。

● 听众大概有多少人？

● 具体来说，他们是谁？

● 如果你的听众构成很复杂，那么他们当中谁是你的目标听众？

● 他们是自愿来的还是被迫来的？

● 听众对你和你的陈述题目了解多少？

● 他们需要知道什么才能让你达到既定目标？

● 如何描述听众对这个话题的当下感受？

● 你的目标听众会支持还是抵制你的话题？为什么？

● 从听众的角度来讲，他们为什么要关心你的陈述?

● 如果你的目标听众会参与设计你的提案，他们会设计哪三个主题?

如果你自己不能回答上述问题，那么在设计陈述方案之前，尽可能从侧面多了解这方面的信息，或者从同学、同事里获取一些线索和建议。

TIPS:

这里不是关于听众的普适性解释，而是更为实际的对于"如何提升思考能力"的方法。上述问题的回答聚焦于如何运用有逻辑性的思维方式去看待更抽象的问题，形成自己的思考模型。你要思考来听这次提案的观众最关注的痛点是什么，需求是什么，希望达到的目标是什么。因为本质上，你要做的是聚焦问题，解决问题，穷尽可能性。

案例一

项目负责人：导致这次事故的根本原因是项目技术的不成熟，且仍处于测试阶段。这次雇佣的外包商是由我方推荐的，虽然他们的不当行为导致了项目事故的发生，我们仍然应该主动承担起责任，[1] 负责处理由他们失误造成的后果，和他们一起共同解决问题。

针对事情发生的原因和客户可能遭受的潜在损失，我已经撰写了一份行动方案，今天让法务过目后敲定细节。明天我们需要与客户召开一次正式的会议，评估目前客户的状况并落实事故应对方案，会后

批注【1】: 讲明核心观点。

立刻着手解决问题, 这周内必须将所有问题逐一解决。下周再与客户讨论对时间、经济损失的赔偿问题。【2】

案例二

北京大学毕业典礼致辞 ❶

饶毅

在祝福裹着告诫呼啸而来的毕业季, 请原谅我, 不敢祝愿每一位毕业生都成功, 都幸福。因为历史不幸地记载着, 有人的成功, 代价是丧失良知; 有人的幸福, 代价是损害他人。从物理学来说, 无机的原子逆热力学第二定律出现生物是奇迹; 从生物学来说, 按进化规律产生遗传信息指导组装人类是奇迹。超越化学反应结果的每一位毕业生, 都是值得珍惜的奇迹; 超越动物欲望总和的每一位毕业生, 都应做自己尊重的人。

过去、现在、将来, 能够完全知道个人行为和思想的只有自己。对于大多数中国人来说, 自我尊重可能是重要的正道。在你们加入社会后, 看到各种离奇的现象, 知道自己更多的弱点和缺陷, 可能还遇

---

❶ https://www.medsci.cn/article/show_article.do?id=7f6d19e11186. [2020-7-5].

到小难大灾后，如何在诱惑和艰难中保持人性的尊严，赢得自己的尊重，并非易事，却很值得。这不是自恋、自大、自负、自夸、自欺、自闭、自怜，而是自信、自豪、自量、自知、自省、自赎、自勉、自强。自尊支撑自由的精神、自主的工作、自在的生活。

我祝愿，退休之日，你觉得职业中的自己值得尊重。迟暮之年，你感到生活中的自己值得尊重。不要问我如何做到。50年后，在你返校时，告诉母校你如何做到。在你所含全部原子再度按热力学第二定律回归自然之前，他们既经历过物性的神奇，也产生过人性的可爱。[3]

批注【3】：这是面对全体毕业生的祝福与告诫。用词凝练、简洁，以短句构成内容，富有极强的感染力。

3.构建陈述场景

除了对陈述对象的基本情况以及他们的需求进行确认之后，还必须明确这场陈述会发生在什么样的场景之下。无论是在学习还是工作当中，陈述场景按照规模大小和正式程度划分，基本分为以下三类：

（1）日常汇报（图2-5）。

日常汇报是一种小型的、非正式的介绍，如讨论项目进展或介绍一些调研、策略、灵感的会议（这里也包括设计院校课堂上的设计陈述）。在大多数情况下，这些交流都是在内部进行的，通常只包括团队

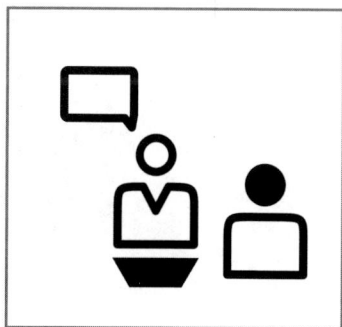

图2-5

成员。

设计部门都有固定的周例会，沟通的频率和习惯会依据团队的发展阶段和人员的沟通习惯来定。沟通内容基本围绕团队成员一周工作内容的重点和难点；需要对接的小组之间同步工作内容；设计类的专业分享；团队活动的建议等。日常汇报的时间不会太长，一般在 1.5～2 小时，团队内相关的负责人或重要成员都需要进行分享，气氛也相对轻松一些。

案例三 ❶

设计总监：今天是我们完成扩初设计后的一次设计例会，主要就图纸与相关配合单位进行讨论，发现问题后及时解决，以便进行下一步设计工作。会议大概用时一小时。【4】

首先是客房区域的问题，一般客房走道净宽度不小于 1100mm，【5】目前为 1050，是否可行需要请业主确认。所有客房与客房间墙体为砌块墙，且厚度为 150mm，一般声学要求砌块隔墙厚度为 200mm，是否有问题请业主确认。其次要解决施工图与效果图冲突部分，烤漆板下是否有金属踢脚？目前效果图与施工图墙面材质不一致，地面是石材，施工图是木地板等。最后是机电部分的问题，

---

❶ https://www.bilibili.com/read/cv10660526?spm_id_from=333.999.0.0.[2021-4-6].

电梯厅入口上方两侧均有梁，且天花造型紧贴此处梁，导致消防水管、电路桥架等设备无法通过，需要调整。[6]下面我们逐条讨论，明确一下处理方法。

批注【6】：对项目的落地性、可实施性及安全性进行评估，及时规避潜在风险。

（2）正式陈述（图2-6）。

正式陈述的听众当中包括批准项目向前推进的决策者。正式陈述通常在公司外部进行，前期需要进行大量的准备工作。这个陈述包含了更多的利害关系，因为这种类型的陈述需要充分证明演讲者正确理解了问题，并呈现出了解决方案。

图2-6

设计评审、竞标提案这类的陈述场景需要设计相关负责人在场，面对的客户也是甲方的决策层。设计师在这样场景下的沟通总体来说就是"符合设计逻辑地讲清楚为什么要这样做"，解释"why"的问题，而不是"how""what"的问题。在具有利害关系与商业决策方向的正式陈述中，善于沟通的设计师一定具有很强的用户视角，同时展现出对商业的深刻理解。

工作总结、述职报告也属于正式陈述的范畴，在陈述重点、表述方式上都需要用清晰的思路进行总结，让听众把核心内容看得清清楚楚、明明白白。

案例四

主管经理：调研显示，与去年同期相比，将近35%的客户有在平台投放广告的需求。为了帮助这些客户提升品牌知名度与影响力，我们会通过算法匹配相应的开屏广告或信息流广告，帮助他们获取更多的目标用户。开屏广告的曝光量大，覆盖范围广泛，比较适合品牌推广或新品发布等公关活动；信息流广告是穿插在实时资讯中，展现方式灵活，用户在不知不觉间就浏览了广告，体验感较好。[7]

批注【7】：充分解释"why"。

图2-7

（3）大型演讲（图2-7）。

大型演讲的听众人数在20人以上，演讲者在陈述过程中和听众的互动较少，同时演讲内容是精心编排且高度结构化的。

设计类大型演讲的形式多为学术会议或高峰论坛，场地面积也比较大，有些大型演讲的空间可以容纳上百人。演讲者聚焦于专业分享，时间基本控制在1~1.5小时，结尾部分涵盖与听众的交流与问答环节。面对这种大型演讲，非常有经验的演讲者会根据现场听众的即时反馈来调整演讲的节奏，调动现场气氛。

你是什么类型的陈述者？试想一下，如果将陈述或演讲比作一场汽车旅行，那么演讲者就是把听众从一个目的地带往另一个目的地的向导。作为向导的你，会选择省时省力、宽阔畅通、直达终点的公路（图2-8），还是九曲八弯、三回六转、四通八达的小道呢（图2-9）？哪种道路是听众更乐于选择的呢？

如果你带着观众在四通八达的小径中绕来绕去，听众必定会被过量超载的信息弄得疲惫不堪。人类的注意力是

图 2-8   图 2-9

非常有限的，如果把注意力分给两个或两个以上的任务，它就会变得非常分散。如果一个任务占用了大部分的注意力，其他的任务就会受到影响。苏珊·温申克在《设计师要懂心理学》里提到，7～10分钟差不多是人对任何任务保持专注的时间上限。TED（technology，entertainment design）系列的视频常常有20分钟之久，这就超出了时间限制，但TED邀请的都是世界上最顶尖的演讲者，可以单凭魅力抓住听众的注意力。

误区：

● 将开场宝贵的45秒白白浪费掉，无法让听众认知到演讲对于他们的价值和意义，再难扭转听众走神、离席的局面。

● 误用PPT，无视听众的感觉，对着挤满文字的PPT从头念到尾。幻灯片的作用是从视觉传达的角度帮助听众更准确地理解你的观念和想法，而不是将它当成提词器或讲义。

● 使用过多"行话"带来的后果就是，操着不同行话的两个群体在讨论目标时，会存在理解上的鸿沟。

4.构思陈述内容

（1）头脑风暴（图2-10）。

从头脑风暴开始入手，你可以把与这次陈述或演讲相关的所有点子都写下来，包括脑子里出现的灵光一现，甚至只言片语。请注意，先不要在这个过程中做信息或素材的筛选，任何你想谈论的信息或与这次陈述相关的事情，直接写下来，大胆地记录一切。

（2）删选信息（图2-11）。

问问自己什么信息是"一定有、应该有、能够有、不会有"的。切记，在这个过程中，要随时参考你之前对听众画像的详细描述，这样你的陈述便不会孤芳自赏，脱离听众。

图2-10

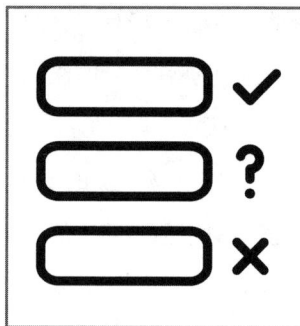

图2-11

（3）检查信息（图2-12）。

无论你保留了什么样的信息，可以用"那又如何？"原则来检验这些内容。想象一下，听众会在你说的每句话的结尾都用这句话来质疑你。

（4）细分主题（图2-13）。

你需要将陈述的相关内容，进行结构板块的归纳与梳理。比如分组成三个板块，让听众更容易理解、消化和记忆。同样，如果你在这里遇到瓶颈，可以随时回想一下听众的类型和需求，这样问题往往会迎刃而解。

图2-12

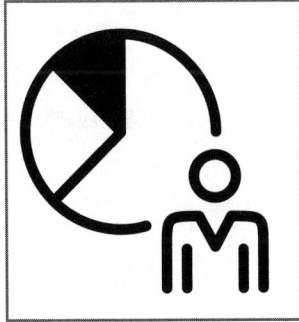

图2-13

误区：

在很多设计师看来，准备专业提案的第一件事情就是打开PPT，利用现成的模板来制作提案的内容，但这样的准备工作有很多潜在的问题：

● 缺乏统筹的思路与规划，所有的工作都无法直指要害。

● 没有想清楚听众是谁，他们最关注什么。

● 太过专注于PPT的设计版式，形式大于内容。

● 忽略听众的多元构成，无法让非设计背景的人听得懂，看得明白。

● 没有按照合乎逻辑的过程来思考和陈述，比如，构建设计概念的时候可以按照下面的过程来思考和陈述：

问题—目标—方法—方案—细节—测试—总结。

● 为了展现工作量，不对信息或数据进行筛选，过量地使用数据或所有的已知信息。

● 没有统筹提案的时间，只一味地叠加细节和无谓内容。

● 没有考虑设计方案的优缺点，做不到心中有数。

●**思考题**

工作总结和述职报告有区别吗？请尝试说明。

●**练习题**

请将你最得意的一件／一系列设计作品作为某个待开发投产的新项目，为其撰写提案。提案应解释清楚，客户需要什么来解决他的问题，你的设计将如何满足这些需求。其中包括谁来做、做什么、何时做、怎么做、如何做，并找出答案。

第三部分

内容设计

1. 吸引听众的七条黄金法则

- 明确目的
- 锚定兴趣
- 勾住观众
- 结论先行
- 多用"你"
- 讲求条理
- 平稳收尾

以观众为中心的演讲汇报需要在有限的时间内将幻灯片的所有内容都表述完，同时观点明确，在陈述的过程中抓住重点，按照听众的思维习惯、认知程度和容易理解、记忆的顺序进行表达，从始至终呼应演讲的核心目的。

除了遵循上述的演讲汇报原则，还可以运用一些高超的技巧去润色我们的表述，让整个演讲在一开始就能够迅速抓住听众的注意力，引导他们跟随我们的节奏。这也是为什么同样内容的PPT让不同的人来表述，效果却大相径庭的原因。

下面逐一介绍这七条演讲汇报的黄金法则。

（1）明确目的（图3-1）。

作为一场演讲的主讲人，必须确保所说的每一句话都与在座的听众有关。实现这个目标最好的方法就是通过一个简单的问题开始准备，你需要问清楚自己：

"我演讲的目的是什么？"是传播信息？还是培训员工？是说服对方？还是娱乐听众？

图3-1

确定了演讲的核心目的，才能有针对性地梳理信息，准备演讲的内容，同时确保表达的每一句话都是清晰、简洁、集中、且有效果的。

一名优秀的演讲者会时刻提醒自己，讲得多不意味效果好。他们会对即将陈述的内容进行梳理和筛选，会决定留下什么信息，删掉什么信息。一方面，这种信息的取舍是在构建自己的演讲框架；另一方面，任何演讲都有既定的时间规则，必须在有限的时间内讲清楚核心内容。因此，明确表述的目的是后续工作能够顺利推进的前提。

研究表明，给观众的信息越多，他们越感觉无所适从[1]。因此，必须搞清楚你要说什么，不说什么。在准备和排练演讲时，不断地寻问自己，"我为什么这么说？说这些的目的是什么？这些内容和我的演讲主题是否有关联？"

明确演讲的目的也可以让你做出如下决定：

● 我会与观众互动吗？如果会，我将如何做？

● 我会用幻灯片配合我的演讲吗？如果会，我将如何做？

---

[1] Emma Ledden. The Presentation Book second edition [M]. Edinburgh：UK，2017：27-48.

（2）锚定兴趣。

在演讲开始之前，世界上任何地方的听众都只关注两件事：

- 这个演讲会持续多长时间？
- 这个演讲跟我有直接关系吗？

调查显示，满足如下条件，听众才肯花心思、花时间来听这个演讲。

- 演讲内容有明确的、听众可以获得的价值。
- 听众意识到如果错过了演讲，会对他们造成损失。
- 听众对你要讲的内容的确非常感兴趣。

一个优秀的演讲者或表述者不会给听众做选择的机会。换句话讲，为了确保听众对演讲保持兴趣和热情，需要明确地告诉他们为什么他们值得留在座位上，花费几十分钟的时间和精力来听你的陈述。请一定在演讲的最开始直截了当地告诉听众演讲内容对他们产生的价值，听了有何益处（比如解决某问题的思路、具体方法），不听有何损失。

TIPS:

关键句要点（或称论点、核心观点、重要结论），不仅要回答由演讲主题思想引起的听众的新疑问，还要呈现演讲的框架结构。在陈述最开始就讲出关键句要点，可以让听众在演讲最初的 30 秒内就能了解你的全部思路。由于随后的内容只是解释或支持这个要点，你就非常得体地将读者请到了一个适当的位置上，激发出了听众的兴趣点，顺其自然地继续听你论证下去。同时，他们都可以预计，接下来的陈述内容不会有令人意想不到或费解的部分，因而他们在继续聆听时会感到更加容易接受和理解，也容易集中注意力。

案例一

知识产权究竟意味着什么？ ●【1】

中共南京市委江北新区工作委员会宣传部

大家好，即便您不是知识产权的专业人士，即便您没有专门去研究过知识产权，想必大家对近年来在文学圈、游戏圈和影视圈里爆火的一个叫"大IP"的概念也是耳熟能详，这个IP其实就是Intellectual Property，就是知识产权。【2】

随着我们国家的知识产权制度的逐步发展完善，现在大至国家交往，小至我们的日常娱乐、吃喝穿戴，都少不了知识产权。中美的经贸谈判有它，华为和中兴的纠纷有它，而我们的中国制造也必须有它。近年来，随着知识产权曝光度的不断提升，我们的知识产权意识也在持续地提高。普通消费者更加乐于使用正版软件，阅读正版图书，聆听和欣赏具有授权的影音作品，并且购买正版的、正牌的商品，并为其付费。在网络社交媒体上，大家也会在发布或引用他人的作品时主动地@原作者，彼此相互监督。【3】

即便如此，知识产权似乎对于我们每个人的日常生活来说依旧遥远，那么知识产权对于我们的个人、企业、产业乃至整个国家又意味着什么呢？知识产权

● https://haokan.baidu.com/v?pd=wisenatural&vid=4056533097889514818.[2022-4-26].

最重要的作用就是激励创新。我们日常生活中常见的知识产权包括三种类型，第一种是版权，我们刚才讲到的图书、软件、音乐、影视，都涉及版权。第二种是商标，可以将其简单地理解为企业或商品的一种名称或代号。第三种是专利，它通常涉及产品的结构或生产方法等技术方案。即便相同的知识产权类型，激励创新创造的方式会有细微的差别，但是它们的运行逻辑是大体相同的。[4]

批注【4】：知识产权的作用、分类与内涵。

图3-2

（3）勾住观众（图3-2）。

在第二条法则中告诫我们不要轻易认定听众对我们的演讲感兴趣，必须在"演讲初始"把听众最关注的利益点摆出来，那么"演讲初始"到底是什么时候呢？

现在请你回想一下，当你拿着遥控器对着电视不断换台的时候，驱使你不断拨换频道的动机是什么？你会问自己：这个节目有意思吗（兴趣驱使）？值得看吗（利益驱使）？我需要看这个吗（价值驱使）？

听众听演讲也是基于同样的动机驱使。他们会在演讲开始的30～45秒快速地判断出这个演讲对于他们的价值。不过遗憾的是，大多数演讲者在最初的半分钟时间内总是一厢情愿地去陈述听众不想听、不愿意听、不值得听的内容。

关键句要点是直奔主题的好方法，同时，关键句的讲述也有诸多技巧可以参考，这些技巧可以让演讲有个惊艳的开头，更能够从陈述开始就牢牢地勾住听众。

我们如何找到这个"鱼钩"呢？

- 本次演讲中最不同寻常的部分是什么？可否用一句话概括？
- 本次演讲中最有趣的地方是什么？可否用一句话概括？
- 本次提案中的最大亮点是什么？可否用一句话概括？

概括出来的句子就是你整场演讲或提案的"鱼钩"，这个"鱼钩"可以用如下形式展现出来：

- 问题
- 故事
- 引用
- 视图
- 视频
- 声效
- 数据
- 证据
- 实物
- 个人经历
- 专家意见

案例二

设计——对生活最真诚的解释 [1]

张剑

大家好，我是来自广州美术学院的张剑，也是"生活设计工作室"的指导教师。在这里想跟大家分享一些关于设计

---

[1] https://v.qq.com/x/cover/ldesreebccvryyz/z3034bvlqr8.html.[2019-12-12].

批注【5】: 听众最喜欢听故事。

和教育的故事。[5]

这些年，我们工作室得了很多奖。同学们每年基本上要么是在领奖，要么是在领奖的路上，也培养出了一批设计师。[6]

批注【6】: 表明自身实力的证据。

我对同学们经常讲这样一句话：我希望他们能够把设计当神，把自己当人。就是说，我们要对我们所从事的这个名为"设计"的职业抱有一种敬畏之心，同时，要非常诚实、非常真诚地表达自己内心的感受，不被其他的外界因素干扰。[7]

批注【7】: 核心关键句——我对设计的理解。

案例三

中国十二生肖❶

薛晓兰

你有没有被朋友问过"你的生肖是什么？"[8]不要以为他们只是寒暄。如果你说："我属猴"。他们马上就可以知道你多大年纪。

批注【8】: 抛出问题。

问生肖是问年龄的礼貌方式。知道了你的生肖，还可以对你进行评估。可以预测你幸运与否、你的性格、职业前景、接下来一年的运势走向。如果你分享了你和爱人的生肖，甚至可以想象你的私人生活。[9]

批注【9】: 核心关键句——十二生肖的文化内涵。

也许你不相信中国的生肖，但是鉴于全球四分

❶ https://www.bilibili.com/video/av5200379/.[2016-7-4].

之一的人受它的影响，你最好还是知道一些相关的知识。【10】

批注【10】：展现数据。

案例四

锤子智能手机操作系统发布会 ❶
罗永浩

大家准备好了吗？镇定一下，我们是一个科技界的聚会，不是曲艺活动，所以希望大家镇定一下。我等这一天已经等了九个半月了，一直很希望冲出来跟大家聊一聊，因为对我个人来讲，我一生做的所有的事情，都是为了攒到一个点上出来吹吹牛，就像很多人说的，他是一个用生命吹牛的人。

那么我在过去九个半月忍住寂寞，一直在从事科研工作，这个是我生平没有过的一个经验，然后呢今天拿出来跟大家分享一下，我们阶段性的一个成果，我们现在开始正式进入主题。

我们今天，由于对自己的系统的开发进度特别的没信心，所以准备了一共十台手机，这样的话，在操作过程中，如果死机了一个呢，我就换另一个，一共有十台，所以我们到现在的开发成果再不济，也不会十台全部死掉。如果这十台全部死掉，我就退出手机江湖了。【11】

批注【11】：请思考：罗永浩的演讲开头使用了哪些"鱼钩"技巧？你如何看待这场演讲？

---

❶ https://www.bilibili.com/video/av521657/.[2013-4-1].

（4）结论先行。

很多人有这样一个思维定式——在表达自己的观点之前，必须要事无巨细地进行铺垫，描述相关的背景，或者做较为翔实的介绍，这样才能让事情更合乎情理，让听众更容易理解表述者的观点。

这对于书籍的撰写来讲是没有问题的，因为阅读是由读者主动选择开展的闲暇活动，相关背景的详细铺垫会帮助配合"阅读"这个由浅入深、层层递进的思考过程。

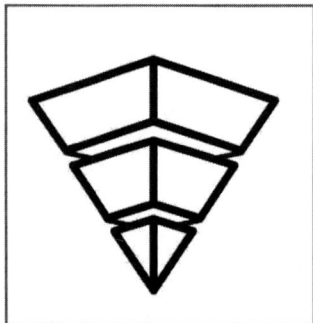

图3-3

比如，大家都很熟悉的演绎推理法，就是非常典型的"结论置后"。演绎是一种线性的推理方式，位于演绎推理过程上一层次的思想是对演绎过程的概括，最终是为了得出一个由逻辑次"因此"引出的结论[1]。

结论后置的结构（图3-3）：

● 演讲用简要地概述起头，比如介绍演讲者或所在公司/企业的背景。

● 尽可能多地就主题展开内容，覆盖不

---

[1] 芭芭拉·明托. 金字塔原理: 思考、表达和解决问题的逻辑 [M]. 汪洱，高愉，译. 海口: 南海出版社，2010: 81-97.

同的方面和纬度。

● 在演讲的结尾，展示本次演讲的重点或进行观点的总结。

结论后置的演讲结构有一个非常严重的问题，没有在第一时间向听众阐明这个演讲对他们的重要意义，概述你或公司的履历并不能让听众产生兴趣和共鸣。如果听众觉得事不关己，你的陈述很难再次打动他们。

结论先行的结构（图3-4）:

如果我们采用"结论先行"的结构进行陈述，只需要把内容模块的次序颠倒过来即可。

● 先提出总结性思想或主要观点。

● 尽可能多地就主要观点展开论证，覆盖不同的方面和纬度。

● 对产生冲突或引发观点的背景进行简要介绍。

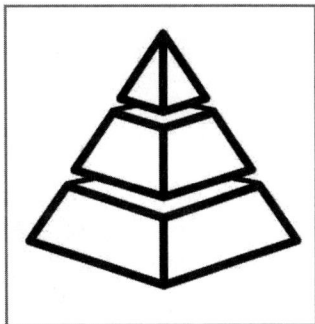

图3-4

无论听众的智商有多高，他们可以利用的思维能力都是很有限的。一部分思维能力用于识别和解读听到的语句，另一部分用于找出各种信息之间的逻辑关系，剩下的思维能力用于理解表述思想的含义。

如果你使用结论先行的方法表达你的思想或观点，减少听众在前两项活动上的时间，从而使听众能够用最少的脑力理解你表达的思想，将听众心中的疑问降到最低，避免他们感到厌烦。

结论先行的益处:

● 直观地阐明此次演讲对于听众的价值和意义。

- 通过从不同纬度对观点的反复论证，清晰地展现出演讲内容的逻辑关系。

- 由于你的陈述过程非常清晰，听众要做的只是决定是否同意你的观点，并提出相关的逻辑问题。

案例五

你的大脑能同时处于清醒和睡眠状态吗？ ❶

Masako Tamaki

大多数动物都需要睡觉，甚至没有大脑结构的水母，都会进入类似睡眠的状态，即脉冲减少，它们会减缓对食物和周围活动的反应。但是动物所面临的威胁和需求，并不会因为睡眠而自动消失。[12] 这就是为何许多鸟类和哺乳类动物，会经历某种程度的"半睡眠"现象，即大脑的一部分处于休眠状态，而另一部分处于清醒状态，甚至人类也会这样，这究竟是怎样做到的呢？[13]

所有脊椎动物的大脑，都由两个半球组成：左脑和右脑。通常，左右脑在睡眠状态中有相似活动。但是在"半睡眠"状态下，大脑的其中一个半球会进入深度睡眠，而另一个半球则会进入浅度睡眠。

批注【12】：结论先行。

批注【13】：抛出问题。

---

❶ https://www.bilibili.com/video/BV1uM4y137m2?spm_id_from=333.337.search-card.all.click.[2021-9-23].

（5）多用"你"。

在演讲开始就阐明意图，传递出明确的观点，用一个"鱼钩"技巧吊足了听众的胃口，他们看起来对这场演讲兴趣十足。即便这样，也不能保证在接下来的时间里能够一直让听众保持着相同的关注度。

我们必须不断地强调这个演讲和他们之间的紧密关联——听众目前的客观情况，以及这个演讲如何帮助他们解决现实情况中的具体问题。

如何让听众的注意力始终维持在一个较高的水平呢？只需要多用"你"这个代词。耶鲁大学的学者对人类语言中最有影响力的12个词汇进行了调研，位列第一的字/词是："你"。

"你"这个词汇在演讲中的潜在力量不可小觑，在专业表达与沟通中，这是与听众建立连接最直接有效的方式，它会像一个小闹钟一样，不断提醒听众这次演讲对他们的重要性。

案例六

与珍·冈特博士谈谈身体的那些事儿[1]

珍·冈特

你肯定听过，"一天要喝8杯水"这种说法吧？

---

[1] https://www.bilibili.com/video/BV1eU4y1j7J2?spm_id_from=333.337.search-card.all.click.[2021-8-26].

很遗憾地告诉你，这就是一个谣言。它不会让你皮肤变好，不会让你思路清晰，也不会让你觉得精力充沛。倒是很有可能让你多跑几次厕所。

很多人不了解自己身体背后的生物学知识，错误的信息满天飞。但一旦你了解了身体是如何运作的，你就能做出更好的决定。不会轻易掉入虚假宣传和伪科学的陷阱，你就能更好地理解你的身体。

案例七

秘密的设计 ❶

向帆

谢谢大家来，我叫向帆。我们现在每天都听到人们在谈大数据，大家都觉得大数据特别的神奇。但你有没有想过，这个大数据跟你有什么关系？你可以买大数据吗？你家的硬盘可以放下大数据吗？你从来不能拥有大数据，大数据不是你的。

你可以说我不需要拥有大数据，我总可以用吧。但如果你不会写代码，你也不会用。那么你说我是一个用户啊！对，我们共同拥有一个名字，叫用户。而用户有什么权利呢？用户只能是选择给钱或者不给钱，用收费的还是免费的。

❶ https://v.qq.com/x/cover/safhxqyw1srxktn/m0500kj8cmu.html.[2017-11-4].

（6）讲求条理。

一场成功演讲的基石与演讲者组织、梳理信息的能力密不可分。如果陈述内容的结构，也就是组织句子的顺序出现了问题，听众就会认为演讲者的演讲条理不清，因为演讲者表达思想的顺序与听众的理解力发生了矛盾。

芭芭拉·明托在《金字塔原理》中提到，"对受众（包括读者、听众、观众或学员）来说，最容易理解的顺序是：先了解主要的、抽象的思想，然后了解次要的、为主要思想提供支持的思想……思想之间的联系方式可以是纵向的（vertically），即任何一个层次上的思想都是对下面一个层次上思想的总结；也可以是横向的（horizontally），即多个思想因共同组成同一个逻辑推理过程，而被并列排在一起。"

如果演讲者传达给听众的观点已经事先进行了归类和概括，并且按照合适的顺序编排组织了起来，听众就能更容易理解演讲者传递的信息以及想要表达的核心思想。

为了避免在表达信息时出现结构混乱的情况，无论如何编排架构，从纵向或横向的结构上都不应超过三个层次。一方面，方便演讲者梳理信息，记忆核心内容；另一方面，有助于听众更快地理解演讲要义，消耗更少的脑力资源。

下面用四种比较典型的专业表达与沟通的提案作为案例，分析如何来编排内容架构，让提案内容变得更加有条理，更加清晰易懂。

第一种：要求指示（when，what）。

论点：马上更新企业品牌视觉手册。

背景：旧的视觉手册已经严重阻碍公司的业务发展，如与第三方的合作、品牌传播、服务内容的推行、员工培训等。

指示：10月10日前确定《视觉手册规范说明书》《视觉手册设计需求列表》；11月5日前收集《企业品牌视觉手册》提案；11月30日前整理并提交手册。

第二种：阐明原因（why）。

论点：申请批准经费。

背景：项目进展遇到的问题需要相应的经费支持来解决。

原因：该问题亟待解决；购买该技术能解决该问题；财务分析很合理。

第三种：实施方法（how）。

论点：对首页进行改版。

背景：数据转化达不到预期要求。

方法：各部门统一目标；提出相关假设；进行设计分解。

第四种：评估比较（should）

论点：选择A公司作为合作伙伴。

背景：我们希望做X。

比较：A公司比B和C公司综合实力更强；A公司比B和C公司的方案实施更快；A公司比B和C公司的方案成本更低。

（7）平稳收尾（图3-5）。

演讲的收尾与开场同等重要，结论是听众在演讲结束后、离席前听到的信息，对演讲进行总结收尾就像将飞机着陆一样，唐突的结束方式会大大降低听众的体验。

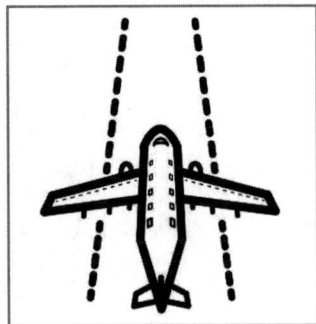

图3-5

● 迫降：在演讲最后不给听众任何的心理准备，慌忙地仓促结尾。

● 盘旋：演讲或陈述的时间迫近尾声，但讲述者还在主要内容部分"打转"。

● 平稳着陆：从容地告诉听众他们在这场演讲当中的收获，利用如下行为进行明示，给听众足够的心理准备，比如：

☆ 告诉听众演讲现在接近尾声。

☆ 总结演讲中的重点。

☆ 给听众留下需要记住的要点。

☆ 感谢听众并进行问答互动。

回想一下时装发布会的开场模特，其着装奠定了整场秀的风格和基调，能够迅速引起观者的兴趣和热情，而闭场的压轴模特会穿着整个系列设计中最精华的一套服装，与设计师一起谢幕，这就好比对整场秀划了重点、做了总结。

案例八

事实的重塑 ❶
贾樟柯

……所以我想我们需要重塑现实，对于创作者来说，我们需要通过艺术去发现现实内在的关联性，它怎么样涉及每一个人？同样我们也需要聆听，通过聆听，去分享这样一个对现实的描述，从而理解我们正处在怎样的一种生活里面。

文化的强大，不在于每年能提供多少娱乐产品，而在于是不是有一批喜欢聆听的人，能够去聆听那些作品。然后有一批能够通过作品来重塑现实，将现实讲清楚的艺术家。【14】

文化的质量也在于文化本身有多厚重的包容性，

批注【14】：文化强大的前提。

❶ https://mp.weixin.qq.com/s/Fwu-zkcTsNye8BH0lg19vQ.[2017-12-27].

它不仅包容欢乐，更包容我们的苦难和痛苦，这样才能跟我们这样的一个巨大的国家，经历了这么漫长的痛苦的国家，跟我们所拥有的苦难相匹配。[15]

对于我来说，我希望我能够继续通过艺术去重新塑造现实。我也相信，观众可以通过分享我们的艺术，来理解我们的生活。[16]

谢谢大家！

批注【15】: 文化质量的内涵。

批注【16】: 用"我的使命"去点题，呼应作为一名艺术创作者对提高文化质量的作用。

2.逻辑论述

在日常生活中，有些人并不在意自己说话时的逻辑关系，这样做的后果就是对方啰里吧嗦地说了一大堆，我们还是不清楚对方究竟要表达什么观点，这就给彼此的交流造成了很大的困扰。我们要么追问一些问题去明确对方的观点，要么就是浪费了很长时间后依旧感觉云里雾里。很显然，这些都不是有效的沟通方式。

无论在学校还是公司，几乎所有人每天都要在各种情境下阐述某种观点。你对同学说："这个展览值得一去。"你对同事说："PPT方案应该这样调整。"你对朋友说："这顿饭应该我请。"或者在不同场景下提交各种方案，比如，设计人员向客户介绍方案时需要证明提案思路的合理性和有效性；创业人员想要开发某项目，必须在会议上向投资方强调开发该项目的必要性；学生面试的时候需要展示自己的综合能力，让企业有意愿录用自己。以上种种都是在做沟通，都需要有理有据地进行论证分析，阐明各种理由。

逻辑学中的论述是指"一个有论据支撑的观点或陈述"[1]。比如,"这个Logo的设计方案与品牌理念十分相符"这句话阐明了一个观点,但它并不是逻辑论述,因为没有任何证据去论证这个观点。

批注【17】:阐明观点的同时有了论据的支撑,就能成为一个比较完整的论述。听者可以从我们举出的事实、例子、数据等相关信息理解我们的阐述,从而支持我们的观点。

案例九

这个 Logo 的设计方案与品牌理念十分相符。在视觉图形符号的呈现上,考虑到企业的行为特征和核心竞争力。用三个握手的人物牵引出故事性,以科技概念为背景元素,同时橙色象征活力,整体寓意充分展现出"科技服务生活的理念。"【17】

在进行逻辑论述的时候,所表达的信息需要构建出一个逻辑结构。一方面,由逻辑结构组织的信息可以帮助人脑去记忆;另一方面,可以提高表达者的说服力和沟通力。根据巴西神经学家苏扎娜·赫尔库拉诺·霍泽尔的研究,人类拥有的神经元细胞大约是860亿个,神经纤维连接着这些神经元,从而在脑干中央交错汇集成异常复杂的网状结构[2]。如果表达的信息杂乱无章,没有任何逻辑可言,这些信息就会被随机地存储于各个神经元细胞中,当需要调用信息进行回忆和表达的时候,这种随机的存储方式仿佛给我们的思路制造了很多路障,会让大脑运转的时

---

[1] 布兰登·罗伊尔. 一本小小的蓝色逻辑书 [M]. 冯亚彬, 刘祥亚, 译. 北京: 九州出版社, 2016: 87.

[2] 张巍, 逻辑表达: 高效沟通的金字塔思维 [M]. 杭州: 浙江大学出版社, 2020: 3.

候感到十分吃力，让我们觉得"脑壳疼"。

逻辑结构的呈现，会让复杂信息构建出简洁的形式，会让接收信息这项复杂的任务变地相对简单化，会让听众感觉易于理解，方便记忆，更容易让大家对论述者的观点产生认同。最重要的是，听众不容易"走神"。

（1）横向逻辑（图3-6）。

横向逻辑是同一个层级或同一组中各个要点之间的关系，同组中各个要点的思想综合提炼后就是我们希望表达的核心思想或观点。无论是口头表达还是书面表述，横向逻辑都会在一定程度上确定整个表述内容的基础架构。更重要的是，每组中的要点应属于同一个层级中的逻辑范畴。比如，同一层级上的第一个要点是解决某个问题的方法，那么这一层级的其他要点也应该是解决这个问题的其他方法。如果同一层级上的第一个要点是描述某件事物的某个特性，那么这一层级的其他要点也应围绕这件事物的其他特性展开描述。以此类推。

图3-6

请注意，在同一层级上横向逻辑关系仅有归纳法和演绎法两种。

①归纳法。归纳推理是将具有共同点的事物、思想或观点进行归类分组，并概括其共同性（或论点）❶。在运用归

---

❶ 芭芭拉·明托.金字塔原理：思考、表达和解决问题的逻辑[M].汪洱,高愉,译.海口：南海出版社,2010：92-95.

纳法进行逻辑思考时，需要运用创造性的思维将脑海中所有相关事物的共性提炼出来。这些具有共同特征的事物将被归类到同一组中，成为同一层级上具有横向逻辑的思想要点，这些要点必须是同一个类别而不是多个类别的混合。相同层级中的思想要点是彼此关联的，同时相互独立，且应不能重复，也不能遗漏。

- 归纳顺序：凌晨、上午、中午（时间）
  第一、第二、第三（步骤）
  核心、内部、外部（结构）
  市场部、运营部、财务部（空间）
  最重要、次重要，等等（重要程度）

案例十

什么麻雀能受得了这三重刺激 ❶

无穷小亮的科普日常

批注【18】：抛出问题。

有人问我这个假的猫头鹰有没有用？在我这是有用的。什么用？【18】大家看，我在阳台上种了一棵树——穗花牡荆。很推荐在北京的露天阳台上种，它夏天的时候会开蓝色的花，树形也不错，也不怕冷，但是它的叶子是带香味的。麻雀每年春天的时候就会来我这揪叶子，带回窝去蓄巢，因为麻雀是会

---

❶ https://www.bilibili.com/video/BV1bZ4y1C7BY?spm_id_from=333.999.0.0.[2022-4-27].

揪一些带香味的叶子回去给巢驱虫，这个已经有论文证明了。它还会揪这个鸡爪槭，它为什么揪这个我就不明白了，因为这个东西没有香味，还弄得一地都是，我感觉就是一种消遣。他每年会把两棵树弄得元气大伤，所以我就要治它。[19]

第一步，我先在阳台栏杆正中间放了只假鹰，[20]它的眼神很犀利，能够吓唬这些鸟。但有的时候麻雀从旁边飞进来怎么办？第二步，这个挂件就起作用了，[21]挂件中间旋转的七彩小球是反光的，也有震慑的作用，我还特意挑了一个带人脸图案的挂件，鸟会感觉有个玩意瞪着它。大家千万别小看脸，防鸟的话，眼睛和脸这个图案是非常重要的。科学家在澳大利亚的时候，为了防止澳洲钟鹊攻击他，就在帽子后边粘了两个假眼斑，两次散步的时候他戴着假眼斑没有受到鸟的攻击，第三次，散步的时候拿掉了假眼斑，结果受到了攻击，所以让鸟感觉有两个大眼睛在瞪着它，对驱鸟来说是很重要的。[22]如果说它还不怕，它再往里去的时候就看见角落里这只假的猫头鹰了[23]。哪个麻雀能受得了这三种刺激？因此它就吓跑了。今年没有一只麻雀过来，所以这个还是很好使的。[24]

②演绎法。人们通常将演绎法解释为"三段论"的形式，就是由一个阐述世界上已经存在的某种情况的大前提和一个阐述世界上同时存在的相关情况的小前提，推导出一个结论的论述形式。

批注【19】：交代事件背景与冲突。

批注【20】：阳台外面中间方位。

批注【21】：阳台侧面方位。

批注【22】：论据证明用眼睛和脸驱鸟的效果。

批注【23】：阳台里面的犄角方位。

批注【24】：摆出事实结论。

批注【25】：阐述世界上已存在的某种情况。

批注【26】：阐述世界上同时存在的相关情况。

批注【27】：这两种情况同时存在时隐含的意义。

案例十一

大前提[25]：所有事物的发展都是有变化的。

小前提[26]：A公司属于事物范畴。

结论[27]：A公司在发展过程中会有起伏波动。

演绎法也可以有如下三个步骤，即出现的问题、产生问题的原因和解决方案。在工作学习中，当进行专项汇报、方案推荐、问题解决等常见表达时，也可以应用这种标准三段论的演绎过程。

"发现问题、分析问题、解决问题"这种高效的思维方式可以帮助我们迅速梳理信息，表达出有分量的观点。

批注【28】：发现问题。

批注【29】：在这个案例中，为了清晰地展现出演绎法的逻辑关系，只列举了一个最重要的成因。然而，在分析问题时，造成问题的原因往往不止一个，这时候就可以运用归纳法，将同一层级的不同原因罗列出来。

批注【30】：解决问题。

案例十二

出现的问题或现象：[28]跨境电商的经营出现了主体落后、配套不良的发展瓶颈。

造成问题的原因：[29]第三方电商平台的发展水平是制约跨境电商发展的最重要因素。

解决方案：[30]建立海外联盟仓储，以降低单个企业的物流成本和销售压力，同时提供售后服务，降低消费者的风险预期。

归纳法和演绎法是有区别的，当运用演绎法的时候，推理过程的第二个思想必须是对第一个思想的主语或谓语的评述。归纳推理同一层级的思想可以用不同的名词进行概括。同样是对"A公司在发展过程中会有起伏波动"这个观点的证明，下面这个案例运用的是归纳法，与上面运用演绎法的案例是有区别的。

案例十三

A公司在发展过程中会有起伏波动。[31]从外部环境方面分析，市场环境与竞争对手的变化可以给企业带来机会，也会带来威胁；从内部环境方面分析，[32]企业的资源配置、战略部署、组织文化、管理水平等都会对企业的发展方向、发展速度与质量造成影响。

批注【31】：先提出观点，再进行论证。

批注【32】：外部环境和内部环境是同一层级的两个思想要点，相互关联，又相互独立。

（2）纵向逻辑（图3-7）。

表达思想的主要目的就是向别人传递相关信息，而每个人的思想是位于不同的思想层次上的。当我们提出一个观点的时候，对方会就这个观点的逻辑性产生疑问，内心的潜台词会是"你为什么这么说？""你有什么证据能够证明你的观点？"因此，必须在随后的表达或陈述中构建出下一个层级，就观点进行论证，回答对方的疑问。

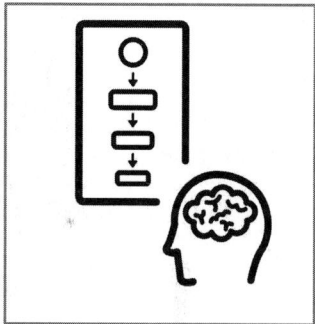

图3-7

随着我们的回答不断深入，信息量不断增多，又会让对方产生新的问题，那么就再建立下一个层级回答之前的疑问。这样的话，纵向逻辑就会一层一层地不断构建出来，直到对方不会再对你的表述提出任何疑问为止。

纵向逻辑的层级关系可以呈现出你对主题深入思考的

程度，上一层级的内容必须是下一层级内容的抽象概括，也就是"以上统下"。在书面表达中，这种逻辑关系运用得非常广泛，比如正式的邮件沟通或非正式的微信沟通。遵循这种以上统下、层层递进的纵向关系，会让书写出来的文字重点突出、层次分明，会引导读者按照我们构建的思路产生符合逻辑的反应，读者也会快速地理解和记忆，提高彼此沟通的效率。

批注【33】：为什么这么说？

批注【34】：下一个层级对上一个层级的解释，回答疑问。

批注【35】：新的疑问又出现了，为什么这么说？

批注【36】：又构建了新的层级对新的疑问进行解释。

案例十四

新一代城镇年轻人更喜欢将猫咪作为宠物。其中最重要的原因[33]是城镇家猫普遍生活在家中，无须花时间外出遛养，[34]省出的时间更符合年轻人忙碌的生活节奏。不需要遛养是因为猫咪天性胆小，十分厌恶陌生环境和嘈杂的地方，[35]只喜欢在自己熟悉的领地活动。[36]因此，养猫将是城镇年轻人的养宠新趋势。

"逻辑"是一个常用词汇，表达沟通有逻辑性，具体就是指把语言合理地组织起来。要想把词汇和概念合理地组织在一起，只有纵列和横列两种组织方法。纵向逻辑是任何人都能看懂的因果关系，因为A，所以B；因为B，所以C。横向关系是一种总分关系，造成现状的原因或者理由包括A、B和C❶。

---

❶ 高田贵久. 精准表达：让你的方案在最短的时间内打动人心 [M]. 宋晓煜，译. 南昌：江西人民出版社，2018：39-79.

如果我们向客户沟通方案时，客户的表情很疑惑；我们和朋友就某一事件表明自己的观点或看法时，他们觉得不知所云。都是因为我们言语中的纵向逻辑、横向逻辑并未在对方的头脑中形成，因此他们会觉得莫名其妙，甚至产生各种疑虑。这些疑虑基本上会概括成两种反应："真是这样吗？""只是这样吗？"

当对方质疑"真是这样吗？"的时候，说明我们在讲话中没有把纵向逻辑组织起来，换句话讲，就是因果关系比较薄弱。当对方质疑"只是这样吗？"的时候，说明横向逻辑组织得不够好，整体思路出现了遗漏或重复，没有达到"覆盖范围广、分类细致"的状态。

（3）金字塔结构（图3-8）。

我们的想法和思维内容，需要像收拾房间里的物品一样，进行分门别类地梳理与归纳，组成一个层次分明的系统架构。这种分析梳理的方法被称为MECE（mutually exclusive collectively exhaustive），也叫"金字塔结构"，这种结构是由麦肯锡的著名咨询顾问巴巴拉·明托（Barbara Minto）提出来的。其核心思想是在定义问题的时候，通过逐步分解的方法把问题的所有要素全部定义清楚，而这些要素之间没有交叉冗余。

图3-8

在问题没有被梳理清楚之前，需要用自下而上思考的方式，将结论提炼总结出来。但是，在表述观点的时候，就要将思路调转过来，把结论作为核心思想统领全局，逐层往下拆解层级，构建出横向逻辑与总想逻辑兼备的金字塔结构。

> **TIPS:**
>
> 自下而上思考：
> ◆ 列出你想表达的所有思想要点。
> ◆ 找出各要点之间的逻辑关系。
> ◆ 得出结论。

案例十五

怎样说话人们才会听？ ❶
Julian · Treasure

批注【37】：背景。

批注【38】：冲突。

批注【39】：疑问。

批注【40】：解决办法。

人类的声音是我们弹奏的乐器，可能是这个世界上最有力的声音，它绝无仅有，或能引起战争，或能说"我爱你"。【37】然而，很多人有这种经历，当他们说话的时候，人们并没有在听。【38】这是为什么呢？我们怎样有力地说，才能让世界发生某种改变？【39】我的提议是，我们需要做一些习惯上的改变。【40】

我为大家收集整理了讲话时的"七宗罪"，我认为这七宗罪是我们相当容易犯的坏习惯。第一，流言蜚语。在别人背后说坏话可不是一个好习惯，我们都明白，那个嚼舌根的人转过头去就会和别人说我

❶ https:// haokan.baidu.com/v?pd=wisenatural&vid=7836286129821709630 [2020-9-17].

们的闲话。第二，评判。我们知道有些人说话时喜欢评判他人，假如你知道别人正在评判你，还认为你不合格，这肯定让你难以接受。第三，消极。我的母亲，在她生命的最后几年里，变得极度消极。我记得有一天，我对她说"今天是十月一号"，她说，"我知道，这不可怕吗？"当某人那么消极的时候，别人是不愿意听他说话的。另外一种消极，就是抱怨。这是英国的全国性艺术、全国性运动，我们抱怨天气、体育和政治等每一件事，实际上抱怨像病毒一样具有毁灭性，它不会在这个世界上传播能量和光明。第四，借口。有些人有指责癖好，他们总怪罪别人，而不是对自己的行为负责任，所以这很难让人听得进去。第五和第六，浮夸，吹牛。事实上它贬低了我们的语言，比如，当我看见了某件很神奇的事情，我该说什么呢？于是这种夸大就变成了彻头彻尾的说谎，我们可不想听夸大其词、谎话连篇的人讲话。最后是固执己见，把事实和意见相混淆。当这两件事混为一谈，你就像听耳边风一样。有些人用他们自己的意见来强迫你就范，这很难让我们听进去。【41】这些就是说话的"七宗罪"。【42】

　　我认为这些是我们需要避免的，但有没有比较正面的呢？的确有。如果我们想让言语有力，并且让世界产生变化，我建议四种我们可以依靠的、强有力的语言基石。【43】幸运的是，这四件事连起来构成了一个单词，这个词就是"HAIL"。它有着特别美好的寓意，我不是讲那个天上掉下来的、砸在你头上的

批注【41】：横向逻辑中的"归纳法"。

批注【42】：这段总结收尾，告诉大家"七宗罪"我讲完了。

批注【43】：与前面一段形成了演绎逻辑，前面一段讲出现的问题、产生问题的原因，这段讲如何通过改变说话内容去解决问题。

东西，我谈论的是"热情地致敬或赞扬"这个定义。如果我们坚持这四件事，我认为别人会乐于听我们讲话。那么它们到底是什么呢？看看你是否能猜到。[44]

"H"代表诚实（honesty），说真话，直截了当并且清楚明白。"A"代表真实（authenticity），做一个自然而然的自己，我的一个朋友把它描述为坚持真实的自己，我觉得这是一个很优美的表述。"I"代表正直（integrity），言而有信、说到做到，成为别人能信任的人。"L"代表爱（love），我不是指罗曼蒂克的爱情，而是指对别人有良好的祝愿。

上面提到的"HAIL"是你说话的内容，就像老歌里唱的——你说什么很重要，你的表达方式也很重要。你有一个很神奇的工具盒，里面有难以置信的工具，然而这个工具盒只有极少数人打开过。我乐意在这里与大家做一点儿探索，找出几种工具拿来试一下，这会让你说话时更有分量。[45]比如说"音域"，大部分时候用假声说话可能没用。然而，你可以定位你的声音，如果我把声音提到鼻子这儿，你可以听出不同；如果我把声音降到嗓子这里，这符合平日里大部分人的说话习惯；但是如果你想让声音有分量，你需要把它沉到胸腔这个位置，[46]听出了不同吗？我们会给声音低沉的政治家投票，因为我们把深沉与权利、权威联系在一起，那就是音域。[47]我们再说"音色"，那是你的声音带给他人的感受，研究显示，我们喜欢听起来丰厚、平滑、温暖、像热巧克力一样的声音，当然如果你没有那样的声音，也不意味着世界末日。因为你可以通过教练的专业指导改变音色，可以利用呼吸、姿势、锻炼来提升你的音色。然后是"韵律"，我喜欢韵律，我们用它来传情达意，那是对话的基础，那种说话一个声调、没有一点儿韵律的人，很难让人听下去，我们称其为单调，或者说枯燥无味、一成不变。还有重复性的韵律，每个句子收尾时听起来像疑问句，但事实上，它不是疑问句，而是陈述句。如果你一遍一遍地重复某个东西，它会限制你用韵律来交流的能力。我们可以尝试打破平日的说话习惯、语速，我可以非常兴奋地、飞快地说着什么，或者我能慢下来在结尾处做个强调。在讲话中，有一点儿停顿没关系。我们不需要用"嗯"和"啊"来填充内容，停顿就很有力量。最后是"音量"，我能用音量表示极端的兴奋，或者我能用很轻的声音，一下子吸引你的注意力。有人全程一直都在说话，请别那样，因为那叫作"公放音乐"，把你的声音不假思索或草率地强加给别人并不好。当你有重要的事情需要沟通交流的时候，这些工具可以发挥作用。比如像现在这样站在台上对着别人演讲，或者是求婚、要求加薪，或者在婚礼上致辞。

下面让我做一个总结。[48]我们说得不好，人们也听不进去，这一点毋庸置疑，对吗？我在之前已经分阶段地分析了这个问题。如果我们有意识地说话，有意识地倾听，并且有意识地针对周围环境来设计声音，那会是一个听起来非常美妙的世界。[49]在那

批注【48】：预示整个演讲进入收尾，让观众做好心理准备。

批注【49】：提炼概括怎样说话别人才会听的要点。

批注【50】:升华主题。

儿,理解会成为常态,那就是"传播"的理念。[50]

谢谢你们。

批注【51】:结论先行。

批注【52】:一、二、三的要点之间是横向归纳法的逻辑关系,它们处于同一个层级,用三个完全不同的词汇来概括,就是"红色""面积""位置"。

案例十六(图3-9)

C区的路牌更容易被司机注意到[51]。一是该路牌是红色字,非常醒目;二是该路牌面积很大,容易看见;三是该路牌安装位置合理,周围没有遮挡物,清晰易辨识。[52]

批注【53】:世界上已经存在的某种情况,阐述的是一个大前提。

批注【54】:此句是一个小前提,阐述世界上同时存在的相关情况。

批注【55】:演绎出结论。

案例十七(图3-10)

符合红色字体、标识面积大、安装位置合理这三个标准的路牌更容易被司机注意到。[53]

C区的路牌符合这三个标准。[54]因此,C区的路牌更容易被司机注意到。[55]

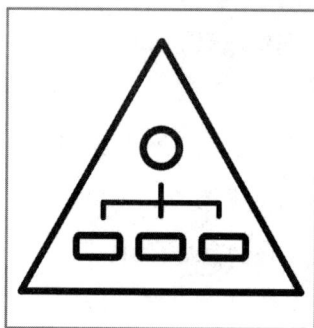

图3-9

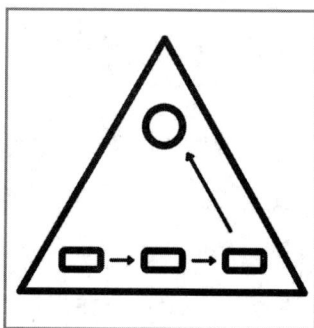

图3-10

有时我们会认为自己的表述非常有逻辑，但如果对方并不理解，就说明表述缺乏逻辑。有些人可能会坚称"我很有逻辑""我的逻辑才是对的"，这种将自己的逻辑视为标准的想法是非常危险的。例如，有些设计师总是在提案当中罗列一些令人费解的理由，却责怪他人不能理解自己；有些设计师总是一味强调自己的设计非常独特、有价值，当客户认为这个设计并不能够满足自己要求的时候，双方的沟通就会形成僵局。

因此，请牢牢记住，逻辑是否合理是由对方判断的，真正懂逻辑的人可以让任何人都懂自己的意思。我们应该长期刻意锻炼自己的大脑与逻辑组织能力，恰当地说明纵向因果关系，并同样做到覆盖范围广、分类细致的横向逻辑关系。当合理思考及逻辑表达兼备时，你的方案才有可能通过，二者缺一不可。

3. 设计说明（图3-11）

设计类学生都会在专业课上对设计方案进行阶段性的汇报说明，汇报形式与课程的定位特色、教师的教学方法、作品的设计类别有很大程度的关联。教师会根据实际情况规定具体要求，学生要在既定时间内汇报完整的设计方案。这种课堂汇报形式能够帮助学生归纳提炼设计方案的形式、想法和理念，也能尽早地锻炼学生的语言表达能力与不同维度的沟通能力。

图 3-11

近年来，国内不同省、市、地区举办的各类设计大赛层出不穷，也有很多蜚声全球的国际比赛吸引了学生的目光，这些含金量很高的赛事为在校大学生提供了展现自己能力的平台。一些比赛设置的赛道非常精细，也愈发顺应互联网发展的现状，采取正规、完善的线上报名方式选拔人才。很多具有影响力的设计大赛收集的作品一年多过一年，初评阶段就要从成千上万件作品中快速地评选出入围的百十件作品。这就意味着，参赛选手在报名阶段就要严格遵守不同赛道的报名规则，在提交的有限资料中充分展现设计的亮点和创新性，比如附带文字说明的效果图、演示图、策划案等。作品入围比赛后，主办方会要求参赛者准备路演，在规定的时间内（一般是5分钟）进行演说，推介设计理念。很多大赛评委与赞助方都是由高校教师、企业专家与行业投资人构成的，线下路演不仅是推广，而且是一种面对面的招商过程，专业表达与沟通的内容构思与表述方法就显得尤为重要。

此外，设计工作中经常会对产品手册、品牌手册中的设计说明进行编排。新生代消费者更加倾向于方便快捷的线上购物，在没有导购当面介绍商品的情况下，网店能否通过商品说明、功能介绍、场景文案的编辑为产品和品牌赋能，在第一时间抓住消费者的注意力，将设计沟通的价值最大化，是设计专业人员面临的新挑战。

花西子

东方彩妆，以花养妆

花西子诞生于美丽的杭州西子湖畔，是一个以"东方彩妆，以花养妆"为理念，以"扬东方之美，铸百年国妆"为愿景的东方彩妆品牌。[56]

花西子品牌名中的"花"，取自"以花养妆"；"西子"是对西施的尊称，是中国古代四大美女之首，花西子借苏东坡诗句"欲把西湖比西子，淡妆浓抹总相宜"，寄寓中国女性，不管淡妆还是浓抹，均有西子的气质与容貌。[57]

花西子探索千年古方养颜智慧，针对东方女性的肤质特点与妆容需求，以花卉精华与中草药提取物为核心成分，运用现代彩妆制造工艺，研制出健康、养肤、适合东方女性使用的彩妆产品。[58]

批注【56】：品牌理念与愿景。

批注【57】：品牌内涵。

批注【58】：品牌定位与价值观。

关于 KVK

KVK 是以身体装饰为主的综合性配饰品牌，品牌藉由未来感的艺术哲学重构为具有穿透性的设计语言，并通过自由的佩戴方式并置重组。致力于探索物质之外的更多可能性。[59]

联名系列 KVK X FOURTRY

KVK与潮流合伙人合作推出 KVK X FOURTRY 联名系列。本次联名系列围绕人与自然的循环新生为主题，推出了一系列独具东方元素的组合配饰。[60]

KVK X FOURTRY 联名系列重构了翎毛、火焰、石等元素，以火焰表达浴火重生、以回环表达轮回新生；与 FOURTRY 标志性箭头图标和字样相结合，通过金属与珐琅、白玉等材质的碰撞表现力量与轻盈的冲突感。[61]

（1）大赛陈述。

由于现如今国内的很多赛事在规模方面愈发庞大，部分设计比赛需要在学校内进行初步选拔。有些比赛甚至要求不同赛道的作品在报名阶段准备"宣讲视频"作为参考附加分，锻炼作者"讲设计"的能力，用视频表达作品寓意、团队合作、创作故事等。

很多同学的作品或团队项目非常优秀，却因为对提案环节的不熟悉、不重视，往往在初赛环节就败下阵来。他们要么将设计陈述讲得毫无章法、磕磕绊绊，要么面对评委的提问准备不充分，答辩没有亮点，不足以充分体现产品的特色。

大赛无论处于哪个阶段，一般都会设有答辩环节，同时赛程安排得极其紧凑，每名/每组学生必须在规定时间内将设计作品介绍清楚。很多同学误以为时间短，就索性围绕某个产品功能或者创新点讲来讲去，反而忽略了设计方案的整体架构和逻辑，这对于不了解设计背景的听众来讲是很难理解的。因此，必须将信息与听众建立联系，利用"开场白"简洁地交代背景，说明发生的问题，并对这个问题给出解决方案。

TIPS:

◆ 先介绍客观存在的情况和某种大家都熟悉的现状，也是与你的设计联系最紧密的社会大背景。
◆ 说明发生的"冲突"，也就是推动事件进行的重要因素，在设计提案中是我们发现的某个亟待解决的问题。
◆ 由此引起大家的疑问，例如，我们应该怎么做？怎么实施解决方案？提议是否具备可行性？
◆ 针对疑问给出的解决办法，也就设计的创新点与特色部分。

　　陈述的内容根据这个框架就可以非常迅速清晰地搭建出来，在此基础上制作提案的PPT，并对内容不断地优化调整。同时，也要始终明确这个提案是面对评委讲的，路演的真正目的是发掘能应对社会挑战的，在备赛过程中求真务实、百折不挠、提升专业技术能力和专业科学精神的设计人才，挖掘能为社会创造价值的创新设计。所以，整个提案在设计过程中，要有开场白、有高潮、有结尾，参赛者要用真情实感与演讲技巧讲好路演。

TIPS:

◆ 围绕逻辑框架打磨 PPT，反复斟酌，删除一切冗余的内容。

◆ 将所有演讲内容用文字书写下来，记住关键句、关键字。

◆ 针对汇报内容做些便携式纸条，在路演前反复演练陈述的重点内容。

◆ 录制演讲练习的视频，通过反复观看找到问题，改掉口头语或用词不确切的毛病。

◆ 让小伙伴利用计时器提醒你，演讲超时是大忌。

◆ 尽量模拟真实的演讲环境，在多人面前做模拟演练，练得越多信心越足，避免怯场。

◆ 充分地练习，熟练到不浪费规定时间内的每一秒钟。

◆ 练习使用 PPT 翻页笔，动作和语言要有统一的节奏。

◆ 听听非专业人士的反馈，继续优化你的演讲形式和陈述内容。

◆ 演讲的过程中不能平铺直叙，也不能从始至终都激情洋溢，用力过猛会让自己很快精疲力尽，也会让听者感觉很尴尬。

◆ 提前准备一些评委可能提到的问题，可以请教专业老师或者观看一些往届赛事的视频。

◆ 评委提问时，要自如地解答，不要在繁杂的细节上越陷越深。

案例二十

第七届互联网＋创业大赛荧光微视（5分钟）[1]

罗世宏

评委老师好，我是来自南昌大学荧光微视项目团队的负责人罗世宏。在接下来的 5 分钟里，请大家和我一起把目光投向餐桌。随着大家生活水平的不断提高，生鲜食品在大家餐桌上的占比越来越高。然而，由于检测的困难，检测环境的复杂，检测成本

---

[1] https://www.bilibili.com/video/BV1Ka41147G4?spm_id_from=333.337. search-card.all.click.[2022-3-28].

的高昂，导致近些年来生鲜食品的安全问题一直威胁着人民群众的生命健康。我国作为一个人口大国，民以食为天，食以安为先，食品安全快检技术由于能够快速精准地大范围筛检，终将成为食品安全筛查的最前线。[62]

批注【62】：直入主题的背景

目前全球的食品安全快检市场拥有近千亿级的市场份额，国家规定我国每天的食品安全快检数量达到5600余万次，而行业也在积极号召着技术革新。未来食品安全快检行业终将站上技术革新的风口浪尖，然而现有的技术却并不能满足市场的核心需求。首先，是快检产品最核心的发光材料问题，发光材料直接决定了快检产品能不能测，测不测得准，能不能定量。其次，现有的产品由于环境耐受性差，导致检测批次间误差极大。最后，由于现有的抗体利用率仅达到35.4%，导致检测成本高昂。[63]

批注【63】：展现事件的冲突。

为了解决以上的问题，我在2017年有幸接触到了这样一种全新的技术，并且和我的指导老师以及志同道合的小伙伴们确定了我过去4年的研究方向。通过大量的模拟试验和探索，我们最终推出了一款全新的食品安全快检方案。大家可能会问，这样一个方案到底在哪？可能它就在我的袖子里。首先，我们通过对微球反应的一个改进，实现了三大核心技术，也就是利用全新首创的"核壳式结构包埋型荧光量子点微球"将发光效率提升至1.2万倍，在光线如此之强的舞台之上，我们的微球仍然能够发出清晰的荧光。其次，我们改进了现有的合成工艺，目前我们已经优化了超声微乳化合成工艺，能够将检测的批次间误差降低至 5% 以内。最后，我们优化了硼酸亲和抗体定向偶联技术，实现了抗体成本的大幅降低。【64】

我们团队拥有 11 项核心技术的全部专利和相关的软件著作权，我们的技术在国内未见同类报道，我作为项目负责人拥有 4 项核心专利和 5 项软件著作权。大家可能会问，这个产品到底好不好用？值得一提的是我们团队的成果得到了包括国家自然科学基金一等奖，以及在发光领域全球领先的唐本忠院士为首的 4 位院士的高度评价，院士们评价我们的产品突破了现有的技术瓶颈，达到国际领先水平，有望实现进口替代。同时我们的产品也得到了行业标准的 CNAS（中国合格评定国家认可委员会）和中国科检院的检验标准认证。与现有的行业产品进行对比，我们在灵敏度漏检率和背景干扰等多个核心维度全面超越现有产品，同时可以根据客户的需求定制解决方案。4 次领导视察、12 场学术会议，2 次国际级、3 次国家级、3 次省级媒体的广泛报道，每一次露面都是对我们团队创新创业的一个巨大鼓舞。【65】

为了推动我们的产品进一步进入市场，产品在去年完成了中试，并且与行业龙头企业上市公司——江西中德生物达成了产权合作，在南昌市海关技术中心、南昌市市场监督管理局等国家重点机构以及雨润集团等行业龙头企业进行了产品的大规模试用，近 609 批次的检测，认证了我们项目在市场监督管理、进出口管理以及在产品生产等多个维度全方位的优秀性能。因而在公司接近成立三个月之际，我们公司目前获得的意向订单就已经达到1265万元，这也让我们坚定了未来的商业模式和我们团队的创业信心。[66]

批注【66】：进一步论证市场验证的结果与未来前景。

优秀的团队才能支撑优秀的产品。我是项目负责人罗世宏，在南昌大学食品科学国家重点实验室，拥有近4年的研发经历。我和我的小伙伴们来自食品安全、会计学、市场营销等多个学科领域，为项目保驾护航。依托大平台实现高成就，目前我们依托于全国唯一的食品科学国家重点实验室和软科排名全球第九的优势学科，以及在食品安全快检领域全球影响力排名第二的优势学科群，还有行业领先企业对我们的大力支持。[67]

批注【67】：团队综合实力的展现。

我们计划未来2年之内将产品推广至全国，5年之内将我们的检测范围推广至10余个种类的检测目标物，让我们的客户对我们更加有信心，让产品更加有前景，让投资人对我们的产品更加关注，希望让这样一种高质量的产品在未来能够应用在每一个家庭的餐桌上。[68]

批注【68】：此项目未来的目标计划。

荧光卫士、微光守护、实践未来，我们为中国梦积极践行青春的力量。[69]

批注【69】：用品牌slogan扣题。

谢谢。

大赛演讲结束后，评委都会针对参赛作品进行专业提问（图3-12）。很多同学面对提问时会感到非常紧张，害怕临场应变能力不够，影响比赛结果。其实，我们只要对

图 3-12

自己作品有客观的认识，抱着真诚的态度去回答问题就可以了。虽然有些评委看上去冷冰冰的，提出的问题也很犀利，但是没有任何评委会故意刁难别人。比如，考官经常会让参赛者评价自己作品的缺点，或者作为设计师如何解决作品在投放市场后可能遭遇的困境……这些问题是每一个设计师在设计过程中需要主动界定的，应当及时思考。诚恳而谦逊地回答每一个问题即可，无须拐弯抹角地诉苦或刻意掩盖不足。

TIPS:

◆ 正规的着装能给评委和听众留下好印象。
◆ 如果有可能，提前进入比赛场地，熟悉一下演讲的环境，会缓解自己的紧张感。
◆ 仔细倾听评委的问题，不要所答非所问。
◆ 耐心听评委说完问题后再回答，不要抢话。
◆ 如果你不知道答案，直接简单说出来。承认自己不知道答案比胡乱作答好得多。
◆ 知道答案时，请简洁作答。
◆ 不要过分紧张，表情管理很重要，面部保持微笑会拉近你与评委的距离。
◆ 告诉自己评委都是来帮助你的，给自己一些积极的心理暗示。
◆ 请记住，即使在沉默中，你的肢体语言、眼神交流和面部表情也会发出许多信息，传递出你当下的所思所想。

（2）文字阐述。

比赛中提交设计说明的要求十分常见，比如，工业设计比赛往往会为参赛者提供单独的、统一的模版，字数也有限制；服装服饰类比赛要求在参赛效果图上搭配说明，或附加整体设计思路；影视或新媒体类的参赛作品在线提交时，必须在作品推荐表中填写设计说明，同时鼓励提交带有创作故事的"宣讲视频"。由此可见，文字阐述的能力是设计中极其重要的组成部分，美感十足的排版、简明清晰的文字、优美动人的旁白都是展示作品需要的技巧，而这些技巧是可以习得的。

撰写设计说明就是一个反复思考、锻炼大脑的过程。文字说明既不是没有根据的空想，也不是缺乏说服力的强制要求，而是将自己对设计的深入思考提炼出来，并合理地组织语言，努力传达给他人。只有当我们的思考能力和传达能力相互协调的时候，才能呈现出优秀的设计提案。

在学校课堂和未来的工作岗位中，书面沟通是做好提案表达的基础，把自己想表达的东西凝练成言简意赅的文字，这不只是单纯的素材整理，这个过程可以让自己的思路更加清晰，及时解决其中存在的矛盾，帮助我们正确看待整个方案。

在提交作品的初赛阶段，我们没有机会面对评委去讲解作品，就需要自问一下："如果我不在场进行面对面的说明，看到我作品的人能够通过我的版式和文字理解作品的理念吗？所有作品的特色、亮点是否体现得淋漓尽致了？"可以找一个完全不了解你设计作品的人，向他展示作品，看他是否能通过这些有限的材料毫不费力地讲述作品的内涵。

在家里，Air Bar 既可以用作空调，也可以用作投影仪。这种设计理念是针对小空间内尽量节省空间的解决方案，并有助于空间保持极简主义的美感。【70】

批注【70】：设计产生的背景。

作为空调，Air Bar 具有两种独特的百叶窗设计。前通风窗具有微孔设计（由 4512 个微孔制成）。气流通过微孔释放，形成无风的感觉，提供更舒适的风感。在侧面，两个风窗提供了更大的"扫掠"角和四个可旋转的摆动百叶窗，并且能够"扫掠"整个区域的空气。两个不同出风口的组合为用户提供了舒适的 360 度环绕空气感。进气格栅位于产品的底部，以最大限度地减少灰尘的堆积。【71】

批注【71】：产品特色与解决的实际问题。

作为投影设备，Air Bar 显示空调的操作界面，创建与家人共享信息的平台，并充当日常生活的助手。投影界面显示空气湿度、温度，室内和室外天气的实时状态，日常工作提醒等。用户可以在客厅与朋友和家人一起看电影，同时享受舒适的空调环境。【72】

批注【72】：产品使用场景。

案例二十二 ❷

该无障碍盲文板是对传统盲文板的改进设计。【73】

批注【73】：产品定位。

---

❶ http://www.artdesign.org.cn/article/view/id/41685[2020-8-19].
❷ https://www.sohu.com/a/346336863_100017003.[2019-10-11].

定位、搜索、读取和写入相对比较容易。无障碍盲文板采用人体工程学设计和功能简化，是一种创新的理想选择。为了将盲文板固定在适当的位置，请将其固定在框架下方并向下压。书写板现在可以轻松地沿着纸张上下滑动。完成书写后，将纸反过来，即可读取盲文。[74]

批注【74】：产品特色与功能。

● **思考题**

请思考"演绎法"与"归纳法"的区别。

● **练习题**

1. 分别使用演绎法与归纳法对某一观点进行论证。

2. 用"以上统下"的方式构建一个金字塔结构，对某观点进行论证阐述。可先使用"自下而上"的思考方式对信息进行梳理，再将思路调转过来，把结论作为核心思想统领全局，逐层往下拆解层级，构建出横向逻辑与纵向逻辑兼备的金字塔结构。

3. 请为你的设计撰写一份 200 字以内的设计说明。说明需涵盖设计产生的背景、解决的问题、产品的特色或创新点、使用场景等。

4. 将这份设计说明用两分钟的时间讲出来，录音后给自己的陈述挑一挑毛病。

第四部分

语言表达与沟通

语言就是力量。纵观人类历史，语言对推动文化发展、改变历史进程、强化政府职能都有着非常重要的影响。语言能破坏情绪、改变想法、结束关系，也能维系感情、斡旋谈判、传播影响。我们可以掌控自己与他人的沟通方式，通过语言影响他人对自己的看法。

其实，所有的人都很容易被语言所影响，我们所说的每一句话都构建着当下的自己，同时也影响着我们的未来。我们可以通过语言交流促成很多事。

图4-1

1.声音（图4-1）

声音是语言的载体，声音的运用可以通过语音、语速、语势、节奏等进行调整。在用语言表达时如果能够发挥声音的优势，就可以迅速抓住听众的注意力，提高沟通效率。尤其是在公开演讲的时候，增强声音的感染力，可以产生事半功倍的奇异效果。

（1）语音。

语音是指声音洪亮而清晰。在日常生活、工作中的沟通交流，音量控制在对方能够听清，同时不干扰周围人的情况下最合适。不管任何形式的演讲，清晰的吐字、洪亮的声音会让演讲者显得足够自信，观众也听得清楚，从而也就更容易让观众接受演讲者的观点。

语音的差异要具体把握，并要在表达中用重度、中度、轻度来分别。超过百人的共公开演讲，就要用重度的、慷慨激昂的力度传递出演讲者的自信与气度；平和沉稳的中等力度，适合几十人团队的内部交流，既能够让周围人听清交流的信息，又不会用力过猛，让周围人感觉不适；亲切柔和的轻度语气，适合好友聚会的场合，恰当地表达放松惬意的情绪。

音质的问题取决于一个人的先天条件，很难改变。普通人很难达到播音员一般的美妙音质，所以要接受自己音质的不足，并且尽量用语势、节奏去缓解相关的问题。此外，在进行表达沟通的时候一定要说普通话，尤其是在汇报或者演讲这样的正式场合，过重的方言会让观众不容易听懂，不过现代年轻人当中，存在这个问题的人已经越来越少了，基本上不会产生太多的交流障碍。

（2）语速。

大部分人当众讲话时都存在语速过快的问题，越紧张语速就越快，语速越快越加重自己的紧张感，暗含的心理活动可能是，"这场陈述让我感觉到不自在，我要尽快结束它。"

对于语速过快的问题，可以做一些技术性的调整。比如，每打开一页PPT，在读标题的时候尽量放慢速度，因为标题是照着字读出来的，不是自己发挥的，所以不会因为不熟悉而导致语速过快。从容地读过标题之后，默数1、2、3，再继续往下讲，给观众一个消化吸收的缓冲时间，也给自己一个准备的空间。陈述或演讲都是一次性的，观众没有听到，或者没有听清楚的内容，就只能错过了，很难弥补。语速过快会让听众错漏很多信息，假如信息缺口越来越大，听众就无法跟上演讲者的思路，会逐渐对演讲失去兴趣。

同样，在日常的工作交流中，语速过慢也令听众难以忍受。国家领导人在进行公开演说或致辞的时候，非常缓慢的语速听起来严肃而又庄重，是合适且必要的。但是，在陈述或演讲这样的场景中，不能让语速低于观众的思维速度，否则会导致观众失去耐心，把注意力转移到别的方面。适当的语速变化非常重要，节奏的快慢、声音的高低，都能避免让听众感到疲倦。

（3）语势。

语势是由语调的高低起伏构建出来的，语调最高的部分是句中需要强调的重点或情感最激烈的部分，因此听起来错落有致，各有不同。有声语言的语势归纳为5种基本形态。

图4-2

● 波峰类（图4-2）。声音的发展态势是由低向高再向低行进。状如波峰。即句头、句尾的词略低。如：这真是一个百家争鸣、百花齐放的年代。

图4-3

● 波谷类（图4-3）。声音由高向低再向高发展。即句头、句尾较高，句腰较低，状如波谷。如：野兽主义是西方20世纪前卫艺术运动中最早的派别。

● 上山类（图4-4）。声音由低向高发展。即句头最低，句尾最高，状如登山。有时是步步高，有时是盘旋而上。如：终于在一片不理解和争议的声音中，山本耀司证明了自己，就像他书里写的那样——成为时尚圈的一枚炸弹！

● 下山类（图4-5）。特点是句头最高，而后顺势而下，状如下山。有时是直线而下，有时是呈蜿蜒曲折的态势。如：她曾要求整个米兰时装周延后，真的不是因为什么重要的事。

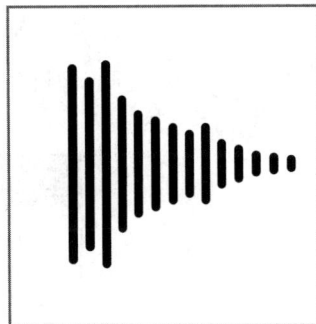

● 半起类（图4-6）。特点是句头较低，而后呈上行趋势，行至中途，气提声止。由于没有行至最高点，所以称为半起。如：黑暗如何才能成为光的一部分？

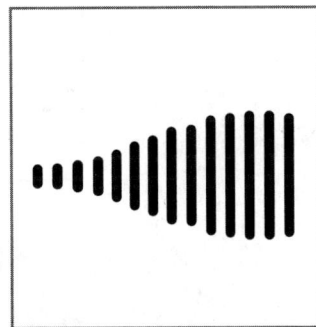

声音的高低不同，会吸引大家的注意力。需要强调的地方就大声说，并不是特别重要的内容，保持中音即可。如果从头到尾都大声说话，会对听众造成狂轰滥炸的感觉，产生听觉疲劳。

（4）节奏。

音量的大小、语速的快慢、音调的高低都要配合场景进行调整，整体的节奏张弛有度。比如，我们在分享一件喜悦的事情时，音调会比较高亢，语速会比平时快一些；表述一件难过的事情时，声音会放

图4-4

图4-5

图4-6

低，语速也会更加迟缓。

专业表达与沟通的重点在于沟通，要尽量照顾到对方的情绪和感受，也就是说，语调的高低、节奏的快慢是由要表述的内容和对方的心理状态综合决定的。假如要沟通严肃的话题，语速就要平缓一点，语调放低一些。在强调亮点或优势的时候，语调就要升高一点，并带有适当的停顿。此外，语言节奏也要考虑对方的情感状态，对方明明很着急，你说话却慢条斯理的，肯定会让对方感到不耐烦。别人不了解事情的始末，想仔细听清楚，你的语速却像机关枪似的，会让听者跟不上节奏。

TIPS:

- 如果必须在公共空间进行交流，请不要让你的声音干扰到周围的人。
- 请讲普通话。
- 适当调整声音高低，不仅具有感染力，也会避免对方产生听觉疲劳。
- 在汇报或演讲中，要根据听众的认知、现场的气氛来调整语速的快慢。
- 大型演讲开始前，可以提前 20 分钟到现场熟悉一下周遭的环境，让大脑对新环境有一定的适应感。
- 可以进行一些积极的心理建设，暗示听众都是来支持我的，从而缓解紧张情绪，增加信心。

2.拐杖词

"拐杖词"顾名思义就是"嗯、啊、然后、那个、就是……"这些词语。人们在说话的时候，思维是快速运行的。一方面要表达自己的观点，另一方面要按照一定的逻辑去运行思维，推动思维往前走。这时候使用拐杖词，就是人们在等待和推进思维的时候。当然，也有很多人仅仅是因为习惯而经常使用这些词汇。

非常频繁地使用拐杖词会有很多弊端。首先，如果拐杖词说得过多，就有可能破坏句式结构，影响正常交流。其次，拐杖词会人为地延长讲述者的思维过程，减慢语速和表达，在一定程度上降低沟通效率。再次，正常的语流一再被拐杖词打断的话，传递出的焦虑情绪也具有传染性，让听者感觉不太舒服，从而减弱讲话者的可信度。最后，如果说拐杖词形成了下意识的习惯，很难在短时间内进行修正。

如何知道自己是否爱用拐杖词呢？可以选择一个要陈述的话题，比如描述某款设计的创新性，准备3分钟的陈述，并进行录音。在听回放的过程中，检查自己使用拐杖词的频率，如果3分钟的陈述段落中拐杖词超过5个就是比较频繁，如果每句话都说了拐杖词，那么问题就比较严重了。

"拐杖词"使用频繁的问题可以通过刻意练习来纠正：

（1）替换法。

假设你喜欢使用的拐杖词是"然后"，可以思考相同含义的词汇，比如"接着""下一步""还有"，讲话时有意识地进行替换。

（2）沉默法。

需要使用拐杖词时，就选择沉默，此时的沉默更像是停顿，同时放慢讲话的语速。这种方法有可能会让你的思维卡顿，甚至忘词，如果出现这样的情况，就需要选择第三种方法加以调整。

（3）跟读与复述。

选择新闻或广播员的播报方式进行跟读与复述，经常练习有助于减少拐杖词的使用，讲话时的思路、条理也会更加清晰。

当然，凡事都具有两面性，在大段陈述当中适当地使用拐杖词，可以让讲话者迅速思考随后要讲的内容，同时给听众时间消化接收到的信息，某些时候拐杖词甚至可以吸引听众的注意。

表达与沟通就是一个思维和语言相互配合的过程，口才的好坏不能一蹴而就，必须勤加练习，不断地反复修正。

3.忘词（图4-7）

图4-7

普通人在面对众人讲话时，特别容易突发"忘词"的情况，这样的问题十分普遍。有些人在陈述或演讲之前，喜欢将大段的讲稿背下来，背得烂熟于心，甚至倒背如流，但是正式讲话或演讲的时候，因为对听众与环境的不熟悉，对压力的不适应，紧张感会让思维突然中断，大脑突然一片空白……忘词导致的冷场是非常尴尬的一种情形。

大声练习是解决忘词的方法之一。边说话边做手势可以磨炼自己的记忆，肢体语言能够帮助大脑记住关键要点。听自己大声说话能够发现无用或多余的词，或者措辞不当的问题。尤其是遇到很难讨论的议题或者不确定如何表述时，大声练习得越多，对陈述的内容越有把握。还可以预判会议中他人的回应和问题，提前练习如何应对。越是重要会议或大型演讲之前，越是需要进行反复练习，确保陈述烂熟于心。

TIPS:

◆ 不要因为紧张而道歉，尽量让自己若无其事一些。

◆ 不必纠缠于那个"忘点"，可以将忘点来个"冷处理"，然后想到什么说什么，以小跨度的进度继续往下讲。

◆ 如果正在借助 PPT 进行辅助表达，可以顺理成章地看一下标注的主题或者关键词，回忆一下陈述要点，再顺着思路继续进行。

◆ 抛弃之前准备的讲稿，以陈述的题目、演讲的中心宗旨为依据，充分运用脑子里的库存信息，"框架式"地表达主要内容来完成陈述。

4.直观形容

形容与描述在设计行业的专业陈述中很常见，就是使用数字加度量单位这种组合方式去描述物体的大小、重量或其他特征，但这种描述存在一个非常严重的问题，就是绝大部分人对数字和单位的感知是模糊的，甚至是毫无概念的，因为人不会记住所有看到、听到的信息。假若用数字描述客观对象，在回忆或者回想的时候，会怀疑数字的准确性。换句话说，描述的目的不是形容具体的数字或者度量单位，而是尽量客观反映事物的特征。这时候，就需要改用直观的形容。

直观形容，是对具体对象而言。只要选取了大家最为熟悉、最能量化的东西作为基准，就可以形容得很"直观"。比如，一斤到底有多重？7毫米粗细是多粗？恐怕很多人都是感到迷惑的。如果将一斤形容为"约等于8个普通大小的鸡蛋的重量"，将7毫米形容为"宛如一根筷子的粗细"，大家立刻就会产生直观的概念。因为大家都对鸡蛋和筷子有认知，可以界定出一个大致的、相差不大的范围作为参照。

当然，直观描述选择的参照物也带有很强的主观性。需要注意的是，当听众的专业背景、生活经历各不相同的时候，就要谨慎选择参照物，选择大部分人都有共识的物体，为这些冷冰冰的数字、尺寸、单位赋予应有的含义。

案例

美国一个健康协会提出，看电影时要少吃爆米花，他们想到了一些口号，反复强调爆米花的高热量，但是没有任何作用。后来他们画出了"一桶爆米花 = 早上的汉堡 + 中午的汉堡 + 晚上的汉堡"这个能量脂肪的含量图，直观又易懂，[1] 很多人看到这个等式后立刻控制住了自己进食爆米花的欲望。

批注【1】：即便不看图，光凭想象都有十分直观的效果。

5.线上语言沟通

互联网时代的兴起让高效、便捷的线上沟通成为日常工作生活中极其重要的组成部分。但是，线上沟通尤其是文字沟通，呈现出来的只是一种语言，并没有表情、语气、肢体动作，这种不全面的信息交流方式很容易造成沟通双方的误解，一个很小的问题也可能酿成冲突。

研究21世纪合作与创新的专家埃里卡·达万在《线上沟通新法则》一文中提到，在新冠肺炎疫情暴发前，就已经有相当数量的人际互动被社交软件或视频会议系统所取代。今天大约有70%的团队沟通转到了线上，人们合作共事的方式也随之发生了转变。

在学习工作中，场景会实时变更，根据场景的变化选择合适的沟通方式会让沟通效果事半功倍。

（1）网络表情的功能（图4-8）。

英国已故心理学家迈克尔·阿盖尔指出[1]，"虽然我们用口语来谈论时事消息和事态发展，但语调、面部表情和手势等非言语线索却可用来表现对他人的交际态度，并可在一定程度上建立和保持与他人融洽的关系。"一直以来人际交流时的肢体信号是人们沟通交流的基础，

图4-8

这一反应机制经过了几千年的进化训练，已经成为大脑认知的重要组成部分。然而，今天数字化世界中的人机互动缺乏面对面沟通中所具有的丰富、交际性强的语言环境。我们通过短消息和社交媒体应用在线上发送的文本信息很

---

[1] 维维安·埃文斯. 表情包密码：笑脸、爱心和点赞如何改变沟通方式 [M]. 翁习文，译. 北京：北京大学出版社，2021：92.

多时候缺乏明确的语境支持。同时，线上纯文本的交流如果缺乏可视的提示，可能会封锁人们的感知，这就给误解留下了空间，造成了很多传播障碍和沟通不畅。

网络表情大多都是对面部表情和肢体动作的再现，以一种"拟像"的形式弥补网络沟通中因无法面对彼此而感知的情绪变化。国内有学者指出，网络表情可以对使用者产生生理上的影响，我们的头脑将表情符号视为真正的脸部表情，相当于看到真实世界人类表情时做出相同的面部识别反应，这种反应不是天生的，而是通过后天学习获得的。

纯文本的沟通由于缺乏对彼此交流时语气、表情、动作的捕捉，常常会存在理解偏颇或信息不对称的问题。网络表情可以虚拟地构建出一种趋近于真实交流的场景，形成言语双方共享的传播语境，妥帖地传达情绪，减少纯文字交流的冰冷与乏味感。

线上文字沟通和语音即时沟通相比，能够让发送信息的一方有足够的时间斟酌措辞，在发送信息前反复校对修改，对方读取信息时也相对有弹性。如果能用非常简洁清晰的语言文字进行沟通，在此基础上使用合适的表情增加良好的语境氛围，可以让沟通更加多元，也更加有效。

TIPS:

◆ 不确定对方是否方便接听语音的情况下，最好发送文本信息。
◆ 使用大家常用、易懂的表情符号，避免对方的误解。
◆ 部分网络表情本身具有较强的趣味性和娱乐性，在较为严肃的沟通语境下需要慎用。
◆ 缓解紧张气氛和尴尬场景的时候，网络表情会有神奇效果。

（2）清晰简练的书面表达。

互联网时代的典型特征是信息的碎片化、去中心化，人们阅读了比以往数量更加庞大、内容更加趋向分散的信息。社交通信工具上那些海量的聊天信息，比如班级群的重要通知、工作群的沟通文件，都正在一步步地改变人们接收信息的习惯。当人们通过数字化方式来沟通时，一定要用具体的行为来显示自己对他人的尊重，在学习、工作时都要对同学、同事表现出应有的敬意和同理心。

首先，书面表达要简练，能用一句话说清就不写两句话，能用一段话说清，就不分两段话写。其次，工作事宜的沟通要直奔主题，比如，会议通知就要把最重要的信息（如主题、时间、地点、时长、参会人员等）在第一行写清楚，因为大多数人的阅读习惯会更重视段落开头的第一句话。再次，传递信息者必须斟酌每个字、每个标点是否都在为你希望表达的信息服务。最后，注意情绪的传递，不要让对方觉得你态度生硬或过于冰冷，因为文本沟通缺少了交流者对彼此面孔、肢体和语气信息的判断，这些平时清楚无误的信号都不见了，表达情绪的力度肯定是不足的。

TIPS:

◆ 清晰简练的文字表述能让信息接收方在第一时间抓住重点。
◆ 简练文字带有权威感和自信的力量。
◆ 简述的同时不要忘记适当辅助标点和网络表情，避免文字的生硬感。
◆ 检查错别字或可能带有歧义的文字。
◆ 邮件的即时性虽然不高，却是传输材料的最佳工具，同时有可追溯的沟通痕迹。

图4-9

（3）语音沟通的利与弊（图4-9）。

当人们需要表达更加丰富的内容的时候，语音消息要比文字更加合适。此外，在较为私密且追求效率的场景下，语音表述便利而且快捷。格雷格·史蒂芬斯和他的团队进行了一项试验，让被饰演者倾听他人说话的录音，并使用功能磁共振成像仪器记录他们的脑部活动。他发现，在听别人说话时，倾听者与说话者的大脑模式开始同步。通过音频或视频传达信息，让人们能听到说话者的声音，是帮助用户理解信息的一种绝佳方式。

凡事都具有两面性。在某些情况下，语音消息需要谨慎使用。如果对话当中涵盖重要的信息如日期、地点、数据、价格等，应该用文本形式，方便接收者读取、翻看或记录。另外，需要考虑对方是否方便接听语音，最好不要用多条的1分钟语音"持续轰炸"对方。另外，如果表述内容较多，不如在对方方便的时候直接打电话。

TIPS:

◆ 倾听会使大脑产生同步模式，有助于理解对方所说的内容。
◆ "语音转文字"这个功能，可能在转换过程中出现信息不对称的问题。
◆ 打电话是双向输出，同时能够得到及时反馈。
◆ 请先通过消息确认对方是否方便通电话，这是礼貌问题。

● **思考题**

　　回想一下社交网络和手机通信中，大家喜欢使用的emoji（视觉情感符号）表情有哪几个？为什么它们的利用率那么高？

● **练习题**

　　形容今天发生在你身上的一件趣事，并进行录音。听回放的过程中，检查自己使用拐杖词的频率。如果拐杖词使用比较频繁，校正后再录音，重复这个过程。

第五部分

非语言沟通

当两个人在面对面交流时，除了谈话的内容，还在不经意间传递着其他一些信息，心理学家把这种和语言无关的途径所传递的信息统称为"非语言沟通"。在与别人交流和沟通的时候，人们一般会把注意力放在说话的内容上，并认为这是沟通的核心和关键。但实际上恰恰相反，非语言表述占据了传达效果的六成以上，而语言内容占据三成，其他因素占据一成甚至更少（图5-1）。

"非语言沟通"并不是想否认语言的重要性，实际上沟通是一个非常复杂的事情，人的每个行为都带有交际功能，沉默也是在"说话"。非语言沟通的方式有很多，比如人们交流时的面部表情、肢体动作、身体姿态、身体距离，还有说话时的语调、语速、音色、音量大小等。

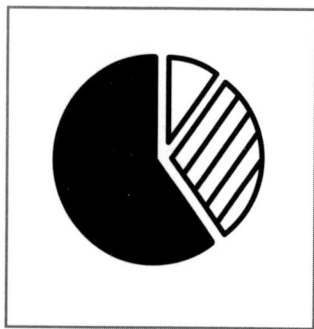

图 5-1

1. 肢体语言

在和别人沟通的时候，需要有意识地建立语言层面和非语言层面的沟通这两种视角，只有用双视角和别人交流时，才能看到别人看不到的信息，意识到别人意识不到的问题。当我们想要影响别人的时候，利用好非语言信息也能起到事半功倍的作用。比如，在给客户介绍自己的产品或者项目时，如果在语气上很坚定，神态上很自信，整个身体感觉很放松，那么我们的说服力就会更强。此外，当别人的意见和我们的想法不一致的时候，在坚持自己观点的同时传递一些非语言信息，也能够起到维持关系的作用。

（1）站姿（图5-2）。

无论进行提案还是进行演讲，都不可避免地要展现出自己的站姿。站姿是一种静态造型，要领就是"稳"。切记不能左右晃动，这会让人觉得你心神不定；也不要站不直，好像浑身软绵绵的，显得有气无力；更不能只将重心踩在一只脚上，看起来吊儿郎当、不够稳重。

图5-2

良好的站姿从侧面看就是一条直线：头正、肩平、腰挺、臂垂、腿直、脚拢。首先要站直，不可以掉肩斜背，或是抖腿、晃动。通常情况下，女士可以采用"V"字形或"丁"字步的站立方式，男士可以用跨立的姿势站立，或是双脚并行。长篇演讲者一般都采用一脚在前，另一脚稍后的姿势，重心主要压在后脚上，这种站姿介于立正和稍息之间，可以两脚调剂，减轻疲劳。

很多人面对众人讲话的时候，因为紧张情绪的影响，总会产生一些不自觉的、无意识的小动作，比如揪衣服、撩头发、双臂抱紧、手插裤袋、目光游离等，这些不雅的举动不仅大煞风景，还不便于打手势。

在表达沟通中，双手的动作可以透露很多信息，因此需要通过刻意练习来进行矫正。第一，双手可以自然下垂，放在身体两侧；第二，两手合拢放在腹部；第三，一手半握拳或手上拿翻页笔，一手下垂；第四，两手轻放在讲桌边。

（2）走姿。

在课堂和工作场合进行内部交流时，因为空间较小、人数较少，多数情况下人们不会走动。然而，在面对百人以上的演讲时，说话者可以适当地移动身体来吸引听众的注意，这是一种调节视觉和传递演讲内容的有效方法。

正确的走姿会形成一种动态美，每个人都是一个流动的造型体，优雅、稳健、敏捷的走姿，会给人以美的感受，反映出积极向上的精神状态。基本体态的要领是：头顶找天，两肩打开，放松两肩，挺胸直背，同时注意提收腹部。在行走的时候，每个人都应注意自己的仪态与风度，尤其在大型会场进行公开演讲的时候，走姿要稳健、缓慢、自如。

讲者可以从讲坛或舞台的中央出发，谈到第一个重点时往观众的一侧走，再慢慢移回到中央，讲第二点时再往另外一侧走，谈到结论时一定要回到讲坛的正中央，站定后强调整个发言的重点。在大型讲台上，演讲者若从始至终站在一处不动，会使观众感到沉闷压抑，如果走动得太过频繁，移动速度过快，也会给人散漫轻浮之感。因此，移动的步伐频率要十分慎重，和表达的内容相配合，掌握好语言和肢体动作的节奏。

（3）手势（图5-3）。

演讲或提案中，观众的视线是集中在讲者上半身的。因此，手是活动范围最广、活动幅度最大的部位，它包括从肩膀到手指的活动，还有肘、腕、指、掌各部分的协同动作。手势协助语言会显得生动、活泼而自然，增强声音的感染力。正确的方法是双手放在肚子前，需要做手势时，手会自然伸出来。每个人都有不同的表述风格，有的人手势少，有的人手势多，这些都是正常的。

手势从来不是单独进行的，它的一举一式，总是和说话者的声音、姿态、表情等密切配合。另外，手势和语言、感情要协调。演讲时以讲为主，以演为辅，没有动作的演讲只是说话而已。同时，手势要和演讲者的体态相协调，每一个手势都要力求姿态优美、干净利索、简单明了。就性别而言，男性的手势一般刚劲有力，而女性的手势一般柔和细腻。

有三种手势可以帮助讲者来表达情绪，渲染气氛，有助于情感的传达。

①情意手势。在人类接触交往的过程中，手势被赋予了种种特定的含义，具有非常丰富的表现力。人们可以利用手势配合自己的表情、语调表现诸如喜、怒、乐等一些非常强烈的情绪。

②指示手势。这种手势有具体指示对象的作用，它可以使听众仿佛看到真实的事物一般。比如，讲到"你、我、他"或"这里、那里"时，都可以用手指一下，给听众更直观的印象。这种手势的特点是动作简洁，情感色彩比较中性。

③形象手势。这种手势主要用来模仿事物，给听众一种更直观、更形象的感受。比如，形容"只有一根铅笔粗细"的同时，用手指拿捏比划一下，听众就能在第一时间感知它的大小了。用手势配合言语形容，既生动又形象。

图 5-3

案例一

《FBI 教你读心术》的作者乔·纳瓦罗和他一位客户面谈了五个小时，他突然发现客户的脚呈现一前一后的状态，同时身体一直往前倾，就像要站起来的姿势。乔·纳瓦罗便问客户："你是不是有事要离开？"客户回答："是的，我并不想显得没礼貌，但是我需要打个五分钟的电话。"虽然客户交谈中一点也没有表现不耐烦，但是脚却暗示了乔·纳瓦罗这些信号。

2.表情

保罗·艾克曼是一位通过观察面部表情来获取情感信息的专家，他明确指出，快乐、悲伤、蔑视、恐惧、厌恶、惊讶和愤怒这七种情感是普遍存在的，并通过面部表情和身体姿态来表现。

（1）眼神（图5-4）。

每个人说话的时候都会产生表情，即便是面无表情也是表情的一种。面部表情最生动的部分就是眼神，人的喜怒哀乐都可以通过眼睛反映出来。很多人在陈述或者演讲的时候，眼睛不知道看哪里，有的看着天花板，有的就一直盯着计算机，甚至还有人陈述的时候一直背对观众，眼睛盯着幕布，这些做法都是不可取的。在专业表达沟通中，有两种眼神方法可以起到非常重要的交流作用。

图5-4

首先是点视法。目光注视某一对象，与之进行视线交流。和观众进行短暂的对视可以使对方感受到被尊重，好似在和听众进行心灵对话，增加听众对演讲者发言的兴趣。点视主要用于人数不是很多的陈述与沟通场合，比如50人以下比较合适。

其次是扫视法。用视线从左到右，或从前到后慢慢移动，扫视听众，再把视线移动到听众的中部和后部，这种方法一般用于较大场合的演讲。这种注视方法可以和听众的眼神进行广泛的接触和交流，了解听众的反应，随机应变地调整自己的语言，使沟通取得最好的效果。练习眼神的方法是在任何地方，把外界事物当成听众，进行点视、扫视的练习。

图5-5

（2）笑容（图5-5）。

笑容是一种最古老的沟通语言，它是不

分国界的。笑容能够强化人际交往中的社会关系，是一种表达善意的符号，也是建立彼此信任的起始。有关研究表明，和别人在一起时笑的次数是独处时的30倍。尽管时代在飞速地变化发展，但笑容依然是一种强大的社交力量。当一个人面带微笑，用坚定的眼神凝望着对方，同时主动问候的时候，他会影响另一个人的情感。

多数情况下，演讲者在出场、进场时都应面带微笑，这样不仅能增强演讲者的自信心，缓解自身紧张的情绪，同时能增强演讲者的亲和力，提升观众缘。面部表情的管理需要不断练习，可以找一份阅读资料或者讲稿，对着镜子进行陈述，同时观察自己的面部表情；或者录一段简短的视频，反复回看并加以改善。

TIPS:

◆ 笑是会传染的，如果想让别人笑起来，可以自己先笑。
◆ 普通的聊天和互动比刻意的幽默和笑话能带来更多笑声。
◆ 要注意情绪感染的强度，否则会适得其反。

（3）情绪感染。

情绪感染理论认为，人天生就会无意识地模仿他人的面部表情、姿态、语调、表情等，这种镜像机制使观察者与情绪传达者经历同样的神经生理反应，从而使观察者在内心体验到对方的情感，这些微小的瞬间反应会不断积累，使人们能够形成情感共鸣。

很多人在做陈述的时候，表情都特别的严肃，大部分情况是因为人们在当众讲话的时候感觉很紧张，因此脸上表情也会显得很僵硬。无论严肃还是喜悦都是一种情绪，是可以传达给听众的，会影响别人的认知和推理，所以陈述者的表情一定要配合沟通的内容。

试想一下，如果你讲了一件非常开心的事情，但你的表情特别严肃，语气也非常沉重，那么听众听到的和看到的就会产生强烈的反差，就会不知道该被哪种情绪所吸引。反过来说，如果你的亲和力特别强，说话时总是笑眯眯的，讲话方式也是娓娓道来，却带着这种情绪表述一个非常严肃的、沉重的、需要让人思考的话题，听众也会产生一种错乱感。所以陈述者的表情、语气和表达内容，这三点必须做到一致、统一。

案例二

当我们评价某人说话风格的时候，依据的并不是对方的说话内容，而是动作、表情、语气这些非语言信息。有些主持人在说话时的神态、动作、表述方式等截然不同，继而带给大家的印象气质也大相径庭。

比如，何炅主持时时刻面带微笑，多变的表情、快节奏的语速、丰富的肢体动作让观众觉得他风趣机智、控场能力极强。白岩松表情温和而严肃，目光深邃沉稳，不怒而含威，声音低沉洪亮，语速缓慢而铿锵，语气低沉有力，他在主持节目时几乎很少看到有大幅度的肢体动作，给观众的印象就是一位睿智、稳重而机敏的学者。鲁豫身材娇小，目光总是坚定不移地看着受访嘉宾，口齿清晰且语调温柔迟缓，给人感觉是一位情感丰富、善解人意、亲和力特别强的女性。

3. 语气

"语气"一词在《现代汉语词典》中有两个释义：表示说话的口气；表示陈述、疑问、祈使、感叹等语法范畴。北京大学徐晶凝教授归纳出了普通话的基本语气系统[1]，即对交际内容表达某种态度的"表态语气"；向听者提出某种要求传达某种信息的"表意语气"；对交际内容表达某种情感的"表情语气"。

各个语句的本质不同，语言环境不同，每一个语句必然呈现出迥异的感情色彩和分量，就好像每个人生性各异，有人说起话来像白开水一样平淡，有的人却口气生硬，听起来拒人于千里之外。

语气形式的变化多种多样，要根据场景的不同灵活使用。在课堂上或是工作场合汇报工作进展，语气要客观公正，情感要充沛饱满，声音要沉稳有力，实声多，分量重。和同事或客户一对一沟通时，要展现轻松的氛围和亲和力，使用平和舒展的语气和对方拉近关系，吐字较慢，气息平稳，分量中等。

---

[1] 徐晶凝. 汉语语气表达方式及语气系统的归纳 [J]. 北京大学学报（哲学社会科学版），1999, 37（199）：136-141.

●**思考题**：

　　为什么有些人说话的语气让听者觉得不舒服？有什么方法能够帮助他们改进语气僵硬的问题？

●**练习题**：

　　1.朗诵一首诗歌，同时用手势配合你的语言、表情，呈现出你想要表达的情感。

　　2.请分别用陈述、疑问、祈使、感叹这四种不同的语气读出下面的句子。

● 他啊从小就是这个怪脾气。（陈述）

● 你也想去啊？你想骑车还是走路啊？（疑问）

● 吃啊！（祈使）

● 真好看啊！（感叹）

第六部分

沟通心态与方法

1. 正确心态

（1）谨防个人主义。

无论身在学习小组或者工作岗位上，每个人都希望自己的所作所为能够为整个团队增加价值。同时，在面对困难与冲突时，每个人都会绞尽脑汁提供解决问题的建议。管理者鼓励小组成员勇于表达自己的见解，通过各抒己见的方式去寻求最佳答案，是团队协作惯用的方法。

在解决问题的过程中，不同观点的碰撞往往会导致较为激烈的争论，也会启发每个人从不同的角度思考问题，不同观点的融合会促成最佳的解决方案，令团队达成一致，有效推动事情的进展，这是一种理想状态下的团队协作，这时团队中的每个人都会感到自信、满足、被尊重。然而，现实往往不尽如人意，人们需要面对的实际情况是异常复杂的，团队成员在出现分歧时，有的人固执己见，有的人牢骚满腹，有的人勉强妥协，还有的人漠不关心，事情总是无法向既定方向发展。这时，团队讨论不仅会陷入不限循环的胶着状态，也很容易带给参与者不良的情绪体验。

组织内部的相互沟通基本分为两种情况。一种是设计团队成员之间出现了不同意见（图6-1），比如课堂上的设计小组或公司内部的设计部门，这时内部成员需要明确核心的设计目标，从项目需求、商业价值等方面建立设计共识。另一种是设计团队与其他部门人员如技术负责人、运营总监、财务同事打交道（图6-2），因为工作性质与所处工作岗位不同，每个人在各自立场上都有不同的评判标准、取舍原则，如果大家都只盯着自己的利益得失，不了解对方的诉求，不能站在对方的立场体会彼此的难处，自然无法推动事情的进展。面对不同的利益方与沟通者，因为彼此的诉求和能力范围都有不同，需要对各方面的不同建议加以约束，以总体目标为先，以合作成果为重。

图6-1

组织的外部沟通主要是设计团队与客户或相关利益方之间进行沟通。通常来讲，双

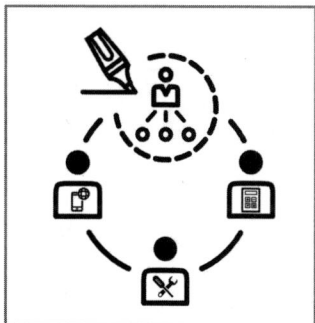

图6-2

方不处在同一组织之内，由于组织间的隔阂，经常会引发信息不对称或交流不及时的问题，这是引起沟通困难的重要因素。因此，在设计组织接受客户的委托之后，前期的沟通准备工作一定要尽量充分。在项目执行过程中，要安排专门对接人主导沟通设计的进展情况，落实每一个关键细节，尽可能将设计执行过程中的阻力降至最低。

（2）避免过激辩护。

很多同学在讲方案的时候都带着极大的戒备心，有些人面对意见和批评会沉不住气，第一反应就是非常着急地维护自己的作品，进行争辩。设计师通常习惯按照自己的技术标准和主观愿望来衡量设计，并期待客户也能全盘接受。

从设计沟通的角度，客户是作品的第一评价者，也是解决设计问题的最好参与者，他们往往能够站在商业逻辑的角度关注设计方案的有效性，提出更落地的意见。

设计作品是由一系列建立在理性化、专业化的基础上，根据设计理念而进行取舍过程的设计决策组合而成的。当作品遭受质疑时，设计师不要心烦意乱，耐心地倾听对方的意见，敏锐地判断对方所持有的信息是否完整，能够站在客户的角度去理解隐藏在质疑表象之下的核心需求，并迅速在脑海中建立起一个"重要程度"的评定机制，从商业价值的角度去评定优先级的高低，谨慎地权衡，大胆地取舍。

如果对方提出的意见确实与设计目标相悖，设计师可以用协商的态度去阐明坚持原则的必要性是什么，这条建议不宜采纳的理由有哪些。并表明是与对方站在同一个立场上考虑问题，语气要诚恳，态度要缓和，同时尽量拿出实际的例子去证明自己的观点。如果能够同时举出一个正面的例子、一个反面的例子，从利益得失方面进一步论证，一定可以增加观点的说服力。

TIPS:

◆ 设计师需要用优质的服务和过硬的专业去表达立场。

◆ 切勿表现出盛气凌人的姿态，狭隘地认为客户是一群不懂创意的俗人。

◆ 客户方的联络者不一定是决策者，但他们的意见也需要被重视和聆听。

◆ 有时决策者对设计方案的意见是被间接转达的，信息在被转述的过程中容易损耗或变形，因此尽量接近决策者，以便减少信息转述的层次。

案例一

客户：我们想在页面加一个较大的、圆形的红色按钮。

产品经理：这个形状、颜色、面积的按钮加在现在的页面效果不会太好。[1] 因为目前产品定制的这个页面在视觉上已经显得很拥挤了，上面布局了很多独立的元素，在这样的页面环境中这个按钮也没法呈现出应有的效果；另外，它还会在很大程度上破坏统一的品牌形象，造成前后页面样式不统一的问题；从项目整体评估的角度也会造成不必要的延期。[2] 因此，我建议您可以将这个按钮放到后面结账的页面上，表现应该不错。[3]

批注【1】：直接表明观点。

批注【2】：从各种不同维度表明我在为您的利益考虑，不同意您的要求是有充分理由的。

批注【3】：不一味否定对方的要求，选择一个折中的办法，对方在心理上也更容易接受。

（3）消除对错思路。

设计方案在落实的过程中总会出现这样那样的分歧，甚至产生令人措手不及的突发状况。在问题出现的第一时间，不要与对方去争执对错，而要聚焦在对于目前存在问题的解决方案上。即便对方的观点真的站不住脚，也没有人希望被告知自己是错的，这样做只会激发他们的抵触情绪。

解决事情要遵从逻辑去寻找方案，最重要、最紧急的事情是在最短时间内确定问题的本质是什么，尽量缩短由于信息不对称引起的认知差距，抓住对方的核心需求，在不断磨合与商榷中争取目标一致。然后便是逐一拆解目标，寻找资源或寻求支持，形成可执行的解决方案。

争对错其实是在制造对立面，也会无意中流露出优

图6-3

越感，令对方下意识地戒备防守。沟通的真正目的是不断告诉对方彼此的目标是一致的（图6-3），不断强化共识是协调双方携手共进的润滑剂。学会找出主要矛盾，积极解决问题，才能在有限的时间内将双方的损失降至最低。

TIPS:

◆ 梳理各方的工作诉求，明确对方真正想要的是什么。
◆ 在明确关键目标的前提下，从双方诉求出发，权衡取舍。
◆ 如果暂时不能满足对方的诉求，尽量提供备选方案。
◆ 多用"我们"与对方沟通，少用"你们"。
◆ 体会对方的难处，同时明晰自己的权力范围与边界，不做无谓承诺。

图6-4

（4）切勿轻视他人（图6-4）。

认为别人是外行这件事本身就带着一种高高在上的轻视态度，如果一味秉承着"自己是专业人士，其他人都对设计一窍不通"这样的想法，就会将别人反馈的权利挡在门外。这种轻视的态度，不但会加剧双方的情绪反应，还会让后续的沟通陷入僵局。

从另一个角度讲，设计师创作的设计作品最终面对的是普通的顾客，不同专业背景的关系人对设计的看法是非常有价值的，只不过有时他们提出的要求或意见无法像设计师一样表达得贴切和充分，甚至听起来有些指向不明、含混不清。设计师的任务就是尽可能用对方能够理解的语言去提炼关键词，抓住对方的核心需求，并把需求拆解得更加细化和具体化，将细节落到实处。

2. 言语措辞

（1）通俗易懂的语言。

设计师在进入职场前，都有在充满创意的环境里待过几年的经验，比如，艺术类院校的师生彼此沟通时会使用很多专业类型的术语，也容易在沟通过程中形成相对固定的词汇模式。然而，这些术语可能导致大家忘记了一件事，并不是每一个利益相关人都具备一样的专业背景。设计师通过展示创意方案来树立信心，但是对于其他人来说，这样的沟通方式会构建起一道无形的高墙，将其他非专业人士挡在墙外。

过多地使用术语会造成理解的误区，如果对方在听不明白或自认为听明白的情况下去发表意见，双方的沟通就好像隔着一堵围墙。同时，很多设计师认为用通俗易懂的语言去解释设计方案会显得不够专业，无法令人信服，就需要通过询问大家是否理解你所讲的术语来确认沟通的有效性。比如，问在场人员："我提到的'敏捷方式'，大家听得懂吗？"同时邀请大家发表意见。

对于沟通双方或多方的思维和语言，选择一种让自己感觉舒服的方式很重要，并且与其他各方打成一片，降低和对方之间的隔阂，让大家明白彼此可以随时问问题而不会丢脸。设计师可以合理地解释一些对设计方案起到关键作用的词汇或术语，至关重要的是确保所有人都能充分理解，这是设计师的分内之事，也是交流想法并达成共识的基础。

（2）用why代替how。

站在对方的立场去证明什么是适合的，为什么做这样的设计决策，这是关于"why"的问题，不是你采用什么设计手段，或者如何去做的问题。对于设计团队来讲，向领导汇报的方案是去证明你能为公司带来什么样的价值，能够解决什么问题。面对客户与设计评审的时候，方案背后的用户需求、数据支撑、产品价值这些客观的分析与逻辑的推演，是证明设计方案可行性的强有力证明。

很多同学在讲解设计方案的时候非常投入，忘情地去描述自己收集了哪些调研素材，选择了什么流行色彩，加入了哪些特色功能。但是，这些设计手段是否针对问题进行了深入的洞察？是否能与问题的本质产生直接关联？是否将设计目标进行了逐一拆解？是否对不同设计手段进行了优劣的比较？

表达不是将事情像流水账一样地描述出来，善于沟通的设计师一定要具备商业理解。想让自己的方案演示更具说服力，就必须向他人逻辑地展示设计的思考过程，从不同维度分析设计方案，同时展示最佳的结论。

案例二

项目负责人：我们需要尽快落实"创新金饰"的产品开发。理由如下：第一，黄金产业从国家层面政策、省市层面政策来看，整体的市场环境方兴未艾，[4] 基于在座的各位对地方政策与市场环境的了解程度，我们在资料中有具体的分析，在此不进行赘述[5]。值得注意的是，调研结果显示，顾客普遍认为黄金比较保值，同时个性金饰在展现品味的同时，能够体现个人的圈层与购买力，也从另一个侧面证明了这个市场的潜力。第二，从金饰行业的竞争环境来看，[6] 对标品牌最近几年的营业利润在不断增长，整体商业模式具有高效率、低成本的特征，也有其他企业开始整合资源陆续进入"新金饰"这个市场，市场竞争愈发激烈。第三，从采购与供应链管理的角度，作为新品牌，我们与对标品牌相比没有明显的竞争优势，[7] 如果我们将现有的金饰产品进行降价策略，将会面临巨大亏损。如果从创新金饰的角度进行差异化的设计，从不同维度赋予金饰全新的美学理念，将是一个可行的方向。

案例三

设计师：我们的设计目标，是提升转化率，使用户点击率提升 30%。这个目标可以通过醒目数字、

批注【4】：做任何事情必须尊重社会的运行系统，对宏观政策的描述证明了你对时事动态与行业风口的了解与把握。

批注【5】：假如面对的人在行业中是资深人士，他们对地方政策与市场环境的了解程度甚至比我们更专业，所以在讲方案的时候这部分简述即可。
即便他们对某些信息的了解程度比我们更甚，我们也要把重要信息罗列进去，以此证明我们的逻辑思考与理性判断。

批注【6】：从国家层面的解析过渡到行业大品类的市场环境分析，也就是从宏观到中观的过渡。

批注【7】：最后分析微观层面的"自己"，可以将具体的分析结果用附件的形式在会前发给参会者，讲方案时直接陈述调研的结果，同时引导参会者查阅具体信息。

增大按钮、调低按钮位置、展示中性色功能区等手段去引导用户点击入口。采用这些设计手段的理由如下：首先，目标用户的年龄普遍是四五十岁的中年人，手机屏幕上的醒目数字和大按钮更容易引起他们的注意，调低按钮位置遵循用户的习惯和自然的交互路径；其次，可用性研究显示，中性色能够降低整体界面的视觉噪声，进一步突出点击入口；此外，环比数据也表明，提高数字的醒目度，增大按钮面积并调低位置后，用户的点击率提升了 1.75 倍。请在座各位看一下改版后设计图与原图的对比。[8]

批注【8】：再多的口头解释也比不上一组直观的对比图。

图6-5

（3）稳定中性的情绪（图6-5）。

《千字文》❶的"容止若思，言辞安定"是指面对他人讲话要从容淡定，恰当而稳重。作为社会中的一分子，每个人都需要承担学习与工作中的各种压力，它往往来源于工作量与工作难度，造成负能量与坏情绪的不断累积。稳定的情绪不仅体现了过硬的心理素质，更是双方就事论事的前提。面对一个情绪崩溃的人，我们根本无法进行有效沟通；同样，如果我们不能够很好地控制自己的情绪，无法冷静地辨别轻重缓急，便会大大影响沟通的效率和质量。

使用"中性"语气的最大益处在于，别人不会因为语气的关系，把消极的信号，强加于语言表达的意思之上。今天我们慷慨激昂地表达了自己的立场，这是在做积极的

---

❶ 李逸安，译注. 三字经·百家姓·千字文·弟子规 [M]. 北京：中华书局，2016：167.

辩护？还是在不可理喻的咆哮？都取决于对方如何看待和评价。也许我们暂时得到了不错的结果，但下次我们就可能没有和对方进一步沟通的机会了。双方进行中性语气的对话更有助于推动事情的发展，可以传达出未来沟通的更多可能性。如果把情绪作为武器，会给别人留下喜怒无常的负面印象。长期使用情绪手段，更会让周围人逐渐免疫。

3.沟通策略

（1）善于提问。

沟通是双方或多方之间通过交流将信息不对称的情况降至最低，逐渐达成共识的过程。在这个过程中，一方会通过提问的手段将含混的信息逐渐明晰化，有质量、有指向性、有引导性的问题为高效沟通找到了一个支点。如果两个问题过后，对方依然无法厘清答案，那么这段沟通就一定是没有效率，没有进度，甚至是没有意义的。

问题谁都能提，谁都会问。但是，提问并不是一件简单的事情。有些人啰嗦地说了很多话，听者一头雾水，说者也被自己的冗长赘述绕晕了。说话就像写文章一样，篇幅太长并不一定能直指核心，说明作者并不明白什么才是最应该提炼出来的要点，应该舍弃的是什么。

首先，问题最好只有一句话，因为足够简短更能抓住事物的本质，精炼的表述也能使听者印象深刻，从而将思路聚焦在重要问题的答案上。其次，问题不要范围太大，最好具有指向性。尝试从设计方案的不同角度（如公司的组织目标、产品现状、目标用户等）提出相应的问题。诸如"您喜欢什么风格"这类问题会让听者感觉无从答起，或感觉对方是在为难他，给他出难题。最后，一次只问一个问题。即便对方的记忆力很好，也不会喜欢连珠炮似的发问。一问一答的形式留给对方充足的时间回答，提问者也能在倾听过程中逐渐梳理出下一个问题，将事物朝着积极的方向推进。

批注【9】: 提问者一次问了五六个问题,毫无逻辑不说,里面的问题互有重复,也互有矛盾之处。最后的总结也不知道指的是哪一个问题的关键,让听众一头雾水。相信谁也不乐意听到这样的发问吧!

批注【10】: 针对这样的抽象空洞的大问题,回答者在短时间内也只能说一些没有信息含量的空话。

案例四

错误提问方式

生活中，国潮有标准吗？在这个什么都可以是国潮的时代，很多文创也说自己是国潮，国潮会不会和工业设计一样？国潮的范围有多大？它的边界在哪里？我们该怎么去寻找这个边界？对于国潮而言这样做是否合理？总结的来说，问题的关键究竟为何？【9】

作为一个新锐的独立设计师品牌是怎样适应新形势的？【10】

（2）适时停顿（图6-6）。

在专业表达与沟通的过程中，适时停顿是一种非常有效的战术，作用十分巨大。比如，对方在表达观点或提出问题后，我们可以给出适当的停顿时间。一方面，我们必须确认对方真的已经说完了。很多时候人们会突然想到其他重要的补充说明，停顿能给对方宽裕的时间进行完整的表述，避免出现话赶话的情形。另一方面，停顿的时间也在一定程度上表明我们正在认真聆听，认真思考。每个人在发言的时候都希望自己是被认真倾听的，当然，停顿的这几秒可能会让现场气氛过于安静，免不了些许尴尬，那么我们可以说，"请给我几秒钟思考一下这个问题。"多花一些时间想想对方刚才说了些什么，给自己一个机会思考如何巧妙应对。

图 6-6

在商务谈判中，停顿是一种有效的战术，暂时不给予对方回复。留下几秒的空白点，主观地控制谈判的节奏和会议过程，能够给比较紧张的谈判形式按下暂停键，让气氛冷静下来，给自己和对方思考的时间。

案例五

面试官：请讲解一下你的毕业作品。

应试者：好的，可以给我十秒整理一下思路吗？

面试官：可以。

应试者：我的毕业作品名称是"Black Matters"，这个系列共有四款包袋，我想先着重介绍其中一款斜挎包。[11] 设计这些作品的初衷[12] 是因为我一直找不到一款既实用又百搭的斜挎包，不光是我自己，我身边的很多男生也有这个苦恼。基于这个实际需求，这款斜挎包的容量我设计得比较大一些，内袋可以装下 15 英寸的计算机，包身两侧都各有一

批注【11】：系列作品同时介绍是有难度的，可以靶向性地先介绍其中你最满意的一件作品。

批注【12】：介绍作品时一定要把作品本身的价值提纲挈领地讲清楚。比如，给用户带来的功能价值、情感价值、体验价值和文化价值等。

个大口袋，前面这个口袋是用魔术贴翻盖合拢的，便于随时拿取物品，后面的口袋采用拉链式闭合，可以收纳一些零碎又重要的东西，比如钥匙、耳机等。挎包的背带可以拆卸下来，如果遇到比较正式的场合，可以直接手提，把它当成公文包来使用。基于适用多场景的穿搭设想，材质、色彩方面我选用了重工黑色帆布，可以完美搭配所有的校园场景，不但耐磨而且方便清洗。同时，我计算过成本，这款设计如果投入量产，价格应该能控制在 150 元以下，学生党是完全可以接受的。[13] 当然这款设计也有很多不足之处，比如，帆布相较于皮革还是整体偏柔软，如果里面装了计算机，斜挎时的体验就会比较沉，走路时也会在身上乱晃，改版时我想着重在肩带的舒适度上面做提升。[14] 以上是我对毕业作品设计理念的一个大概描述，请您多多指教。[15]

批注【13】：商业考量是设计师必须具备的一项能力。

批注【14】：对自己作品的反思与评价是非常重要的，能够促进自身能力的发展和作品的优化。

批注【15】：讲解或陈述完毕之后说明一下，让对方知道你已经讲完了，同时态度也要诚恳谦逊。

（3）信息明确。

第一，当人们希望把重要信息准确无误地传递出去的时候，需要避免歧义，将信息尽量讲述明白。每个人的思维方式、成长经历、专业背景、生活经验都会影响各自对事物的理解。我们都是独立的个体，对不同事物的认知会存在很大差异。同样一句话，不同的人会根据当时所处的情境和情绪，从自己的角度解读出完全不一样的意思，信息不对称往往就是在这个时候发生的。尤其是在商务场合，不同企业或部门的人们在价值观及思考方式方面存在的差异远远超出人们的想象。就算在同一家企业，因为大家的工作内容不同，人们的思考方式也会因部门不同而存在差异。对于销售部门来说，"顾客满意度"意味着在最短期限内把产品提供给顾客，令顾客满意。而对技术部门来说，"顾客满意度"意味着无论花费多长时间，也要制造出功能先进、质量优越的产品。所以，在这样的情况下，即便用相同的词汇进行陈述，如果没有表达清楚词汇所在的语境和场景，如果没有把自己想说的话按照逻辑组织起来，就可能无法让对方理解。要想让自己的方案得到认可，就不要奢望所谓的"不言自明"。

第二，表达内容要直接清晰，不给误解留出空间。类似"好的，我们今天会就相关事宜做出调整"这样的模糊表述尽量不要出现在沟通中，因为你理解的"相关事宜"和客户理解的"相关事宜"可能是完全不同的两件事。这种模棱两可的话乍一听好像很负责任，其实却含混不清。如果在沟通过程中总用这类话与别人交流，必然会导致双方的信息不一致。我们可以在沟通的间隙，通过询问来确认双方对同一事件是否达成了共识，这是严谨而良好的行为习惯。

第三，多用直观的、对比性的描述。设计提案中经常使用数字加计量单位这种组合方式去描述物体的大小、重量或其他特征。这种形容存在一个非常严重的隐患，就是大部分人对计量单位的感知是模糊的，甚至是毫无概念的。描述的目的不是为了列举数字或者计量单位，而是尽量直观生动地反映事物的全貌。比如，很多人对"7mm"这个平淡的描述是没有概念的，如果改用"7mm宛如一根筷子的粗细"，就会直观且生动。当听众的专业背景、生活经历各不相同的时候，选取大家都很熟悉的东西界定出一个大致的、相差不大的、让大部分人形成共识的参照物进行对比，那就是"直观"的，能够赋予数字、计量单位应有的含义。

TIPS:

- 颜色名称要尽量确切，不要只说"红色、黄色、绿色"这样泛泛的形容。
- 对于颜色、位置、大小、风格这些信息，应该直接用图片与对方确认。
- 越是有关设计的亮点，越是需要直观形容进行强调。
- 少说"也许、可能、恐怕"，不给对方留出误解的空间。

案例六

这是我们设计的一款充电宝，边框采用的是铝合金材质，背板采用的是格外坚固的玻璃板，手感更为细腻，增加舒适度的同时也减轻了重量。该充电宝的颜色为西瓜红，宽75.7毫米，长150.9毫米，厚度为8.3毫米，大小和一款普通的智能手机差不多，重量相当于一个乒乓球拍，约为194克，[16]小巧轻盈的造型方便大家随身携带。

批注【16】：大家对智能手机、乒乓球拍都有一定认知。

（4）论证充分。

当我们试图说服别人时，要提出非常明确的主张或观点，要让别人知道我们到底想说什么，同时要有充分的理由和证据来进行论证。在设计提案中，论据是否充足，论证是否严谨、符合逻辑，直接决定了我们的设计决策是否禁得起推敲。同时，在解释的过程中用对比图显示差异性，并清楚说明为什么我们设计方案更适合，这样做的目的是利用视觉参考弥补语言在描述抽象感受方面的不足（详见案例一、案例二）。

我们准备的论据是否充足，论证逻辑是否严谨，都可以在提案前对论据的客观性进行检验。相对于描述设计方案使用的形容词来说，更有力的证据是来自专业学科的客观证明。请不要在论证的时候将"我觉得""我认为"当成解决问题的证据，我们需要的是可被证伪的、更有说服力的方法论。

在进行论证的时候，经过梳理的关键信息不需要太多，最好不超过四个。人们能够记住的信息是有限的，当每类信息超过三条时，记忆效果就会相应下降。唐纳德·布劳德本特[1]在试验中要求人们回忆不同类别的事物，比如彩虹的七种颜色、欧洲各国的名称等，他发现，人们一般只能记住一组事物中的2~4项。

案例七

学生：老师，品牌识别与品牌形象有区别吗？我有些混淆。

老师：当然有区别啦！首先，品牌识别是基于信息发送者角度的概念，是品牌希望在别人的头脑当中构建出来的样子。但是，品牌形象是基于信息接收

---

[1] Susan Weinschenk. 设计师要懂心理学 [M]. 徐佳，马迪，余盈亿，译. 北京：人民邮电出版社，2013：49.

批注【17】：越艰
涩难懂的事情，越
应该形容得深入
浅出。

批注【18】：一组
事物不要一次罗
列超过四项。

者角度的概念，就是品牌在别人头脑中的样子。[17]

老师：举个例子，我希望向外界呈现出热爱运动、充满活力的形象，我就需要通过对自身进行设计，比如，我的穿着打扮、聊天话题、朋友圈展示的内容、休闲活动等[18]都要围绕运动这件事情展开，这就是建立品牌识别所需要做的事情。经过长时间相处，你们对我的印象是一个热爱运动、生活高度自律的老师，那么我个人品牌的形象就基本建立啦。

●**思考题：**

请回忆让你印象最深刻的一次访谈节目，你能否从主持人提问的形式、内容上受到启发？

●**练习题：**

1.选择一个课堂练习或者设计习作，尝试解释你所做出的设计决策。着重解释你的设计目标是什么，也就是"why"，再阐述使用了哪些设计手段，也就是"how"。

2.上面这个设计是否有数字加计量单位的形容？能否用"直观形容"的手段进行描述？

第七部分

穿着
规则

社会心理学家曾经做过这样一项试验，分别对两组被试验者加以形象方面的修饰，第一组看起来衣着光鲜、精神抖擞，第二组却显得不修边幅、邋里邋遢，之后让两组人分别在过马路时违反交通规则。测试结果显示，第一组人闯红灯时，尾随者占行人总数的14%，而第二组的尾随者只占4%。这充分说明人的服饰、穿着对他人具有很强的影响力、感召力。

个人形象是每个人向外部世界展示自己的窗口，他人从我们的穿着、言谈、举止获取对我们的印象，同时这个印象又影响着他人对我们的态度，每个人都在这样的互动过程中构建出彼此的人际关系。良好的形象有助于营造和谐气氛，实现自我价值，帮助个人取得成功。就像一位投资商说的："我怎么也不会给那个穿着旅游鞋、牛仔裤，头发如同干草，说话结结巴巴的小子500万元的投资，他的形象和个人品位都不能让我信服他是一个懂得如何处理商务的人。"

在不同场合穿着得体是塑造良好个人形象的基本法则。良好的外表是打动人心最直接的方式，一旦你的外表、穿着打扮给人留下深刻而美好的印象，许多契机就会自然而然地产生。比如，商务人士在与相关利益方打交道的过程中，要建立和维系双方良好的关系，更好地服务于商务活动，穿着得体是不可忽视的一个重要因素。

作为在校学生，同样不能轻视、忽视穿衣戴帽的规则。有的同学不禁会有这样的疑问，"我们现在只是一名普普通通的在校生，为什么要讲究穿着？在艺术设计院校，不是应该发挥我们的创造力，尽量穿得有个性、有创意吗？这些穿着的规则和我们有什么关系呢？"

自身的穿着打扮符合学生身份没有任何问题，同时，我们依然需要注意，除了课堂上，还有其他一些如汇报、答辩、竞赛、演讲、路演等正式且重要的学术场合是需要注意穿着规则的，得体的装扮能够传递出自己对这件事情的重视程度，也表现出对老师、评委和在场观众的足够尊重。

1.第一印象

心理研究表明，人的第一印象在100毫秒内就会开始组建，哪怕只是看了张照片，而且看了还不到一眼[1]。第一印象在几秒到几分钟内一旦成型，再过几小时、几天甚至几个月时间，都难以改变[2]。跟踪研究发现，在A对B的第一印象形成之后，过了哪怕是几个月后再去询问A，结果A对B的性格打分还是和最初的第一印象差不多。

脑科学家曾经对大脑机制进行过研究（图7-1），大脑会根据眼睛和耳朵所接收的刺激，在一瞬间判断是愉悦还是不愉悦。随后，再由掌管理性的大脑新皮层做出冷静的判断。而大脑之所以判定为愉悦，是因为它分析得出"音调让人感觉很舒服，笑起来很好看"的结论。在工作生活中建立的第一印象往往

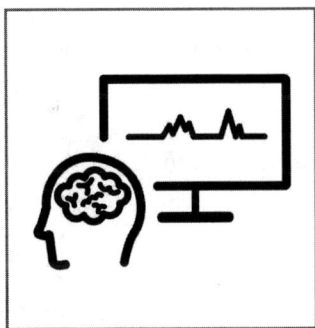

图7-1

---

[1] Zebrowitz，L. A.First impressions from faces[J].Current Directions in Psychological Science，2017, 26(03): 237-242.

[2] Mark Rowh.First Impressions Count[J]. gradPSYCH Magazine,2012,10(4):32.

是对人们外在形象的认知和反应，它是快速形成的，甚至是无意识的，人们常常注意不到。

人们会根据彼此初次交往的那一瞬间的样子，判断对方在自己脑海中形成的印象。与此同时，这种判断会对双方今后的关系产生非常重大的影响。如果我们给人的第一印象非常好，就会开启"感觉这个人很亲切，很容易交往"的开关，更容易与他人建立非常良好的人际关系，从而在事业上获取诸多机会；如果我们因为初次见面时建立的坏印象让他人始终抱有怀疑态度，无论我们继续做出什么行为，似乎都会被罩上一层乌黑的滤镜，被别人反感讨厌，从而失去很多本应属于自己的机会。

他人对我们的第一印象往往来自对我们衣着外表的评价，第一印象通常是非常重要的，而且不易改变。穿着得体是一种礼貌，是一种教养，体现了一个人的文化素质和受教育程度，也体现了一个人对社会规则的理解，对他人的尊重态度。穿着得体会使人有种职业程度高、专业能力强的感觉，也会让人看起来精神抖擞、信心百倍。一个人是否能够吸引别人的注意，可以根据他的着装、谈吐、举止，同时包括一些细微的动作，如眼神、表情、声音、语调等诸多方面能否给人留下好的印象来判断。

由于第一印象太过主观，它不是绝对可靠的。我们也不能否认，人们往往习惯根据第一印象来决定后续对某个人的判断，这在心理学上称为"首因效应"。倘若我们第一次见面时给人留下了不好的印象，那么今后再怎么努力，都很难消除对方的偏见。尤其是在生活节奏飞快的现代社会，很少有人愿意花更多的时间去了解一个在他心目中带有负面评价的陌生人。所以，在日常交往过程中，尤其是与他人初次见面时，一定要注意给人留下美好的印象，有助于为自己的事业开创良好的人际关系氛围。

2. TPO原则

专业表达与沟通时的穿着规则里有一个大原则，那就是国际通用的着装规范——TPO原则。"TPO"是三个英语单词的缩写，分别代表时间（time）、地点（place）和场合（occasion），意思就是个人着装要考虑所处的时间、地点和场合，这三个方面要彼此呼应一致。

服饰要与所处的场景相融合，不同场合的服装应该有不同的着装特点，在选择服装时要注意符合这些特点。决定今天该穿哪套服装的因素，不是我们的喜好和情趣，也不是我们希望打扮得漂亮出众的愿望，而是我们今天要到哪里去，要去做什么，我们希望得到什么。我们必须要有融入场景的意识，不仅是照顾自己，也是照顾别人。

（1）时间（图7-2）。

着装要考虑到时间因素，因为不同时间段在很大程度上决定了着装者所处的地点，以及当时的生活或工作状态。比如，清早起床后为一天的开始做充分的准备，无论是外出晨练还是居家整理，服装总体上以舒适、简单、随意为主。白天上班、上课或者上街购物，服装应该整洁大方，注重一定的功能

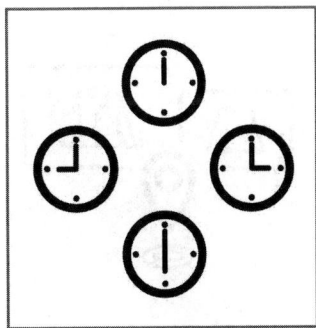

图7-2

性，体现穿着者的品味与修养，既不能过于随便，也不可过于夸张。晚上的休闲时光则要综合考虑场合与目的，来决定是否需要穿得隆重奢华。

着装还要考虑季节的变化。在比较正式的商务场合，尽量不要穿着反季节服装，一方面容易让别人觉得你缺乏着装常识，另一方面也会显得你与周围的人和环境格格不入。此外，在时间原则基础上能够适当呼应时尚趋势，在得体的装扮中加入当季的一点潮流元素，会体现出穿着者的不俗品位。

（2）地点（图7-3）。

校园中的地点基本围绕在教室、图书馆、实验室、食堂、宿舍这几个区域。在平时的课堂里，大家的着装基本上是没有问题的，但也不乏在天气闷热的时候穿着工字背心或吊带来上课的同学。这种清凉的装扮在寝室穿着无可厚非，但在教室里，尤其是当众讨论问题或者上台讲方案的时候，就显得非常不礼貌、不妥当了。

作为未来的设计师，我们会在不同的行业中追求自己的梦想，实现个人价值。如果办公地点主要在公司或者写字楼里，那就要根据企业文化的要义和着装要求来进行穿搭。比如，有的公司规定上班必须身着正装，方便随时与客户会面或参加正式会议；有的公司对着装没有硬性要求，那么与周围同事的着装保持协调是最好的办法。如果设计师需要经常去工地或展场交接工作，那么着装必须考虑到地点的特殊性，穿

图7-3

着要尽量轻便、舒适、耐脏；如果参加大型活动，身着较为隆重的服装不会出错；如果去文化迥异的异地或国外，还应考虑不同地区的风土人情，尊重当地的文化风俗等。

案例一

小美在一个着装要求比较随意的公司任职，大家平日出勤都身着牛仔裤与舒适的上衣。她为了尽快地融入公司的文化，在置办牛仔裤和休闲上衣的同时，依然体现出了自己的品位、审美和性格。比如，她根据自己的身材和气质比较不同品牌在设计方面的不同，找出合体但不突兀，款式简洁的单品，再用配饰如首饰、鞋子、包袋来体现她的创意和风格。即便平日上班时大家的着装都比较随意，一旦小美需要外出约见客户或者开会，就会换上比较正式的着装，这是尊重对方、为对方考虑的表现。[1]

批注【1】：对待任何人或事，都要具体问题具体分析。

（3）场合（图7-4）。

场合是TPO三要素中的核心，换言之，场合同时涵盖了时间、地点、人物、目的这几个不同的方面。当我们考虑场合这个要素的时候，就必须要考虑到我们在什么时间、在什么地方、面对哪些人去进行表达与沟通。比如，早上要面对老师和同学进行一个设计方案的汇报；下午要去参加一个老同学聚会；晚饭时要在某餐厅和一位投资人见面……以上这些都是完全不

图7-4

一样的场景，也就意味着要对着装进行合理的选择。即便有些场景现在没有遇到，并不意味着终身都不会遇到。很多时候，我们需要对社会的规则、规范尽早了解，避免少交学费、少走弯路。

案例二

在一些国际奢侈品牌的时装发布会上，到场看秀嘉宾不仅穿着考究，体现当下的流行趋势与时尚品位，同时出于对品牌方的尊重，嘉宾必须身着品牌方的衣着服饰到场，[2] 这是嘉宾对时间、地点、场合综合考量后的结果，也是无形的契约与规则，大家都心照不宣。

批注【2】：嘉宾绝不会在参加 C 品牌的发布会时，穿着 D 品牌的服装到场。

案例三

北京曾经举办过一场国际高峰论坛，会上邀请了来自全球顶级的、非常有影响力的业内专家和企业代表参会。当时代表中国某互联网公司的一位高管穿着极为不得体，他皱巴巴的白色短裤和肉粉色立领衬衣，与其他嘉宾的西装革履产生了鲜明的对比，一边是衣冠楚楚尽显大家风范，另一边是不修边幅难登大雅之堂。因为这件事情，企业以"严重损坏品牌声誉"为由将其开除。[3]

批注【3】：这个案例充分说明了，一个人在什么场合，见什么人，穿什么衣服，不仅关乎自己的形象，也代表了他所在的组织形象、品牌形象，同时也关乎他对他人的尊重。

作为知名企业家，马斯克、罗永浩和库克都是企业内部的高层领导人，他们在品牌新品发布会上的着装却不是非常正式的正装西服，往往身着一件好衬衫，不打领带，搭配卡其色或灰色的裤子，显露出一种比较亲民但仍然专业的"商务休闲"风格。[4]

批注【4】：商务休闲服（business casual）—— 对男士来讲是精致的衬衫加西装便裤；对女士来说，简洁、干练、时尚风格的着装就可以。

在校大学生有很多机会上台进行学术交流。面对这种注重分享经验的公众场合，那些颜色太过花哨休闲、尺寸不修身、显得邋里邋遢的装扮都不合时宜，即便分享的内容再精彩，也会因为穿着问题打了一定的折扣。最基本款的单色体恤、外套，修身的牛仔裤、运动鞋就是百搭不出错的校园装，几乎能够应对校园里所有的场景，既不突兀又符合身份。如果是学术答辩或者上台领奖，着装就要严肃庄重一些，加入一定的商务元素，比如带领的衬衫，修身的裤子，色彩以黑、白、灰、米色等无彩色或中性色为主，能够加倍衬托出穿着者冷静睿智的形象。

选择着装时，需要考虑你在什么时间去什么地方，参加什么活动，要见什么人，以及在这次活动中你的角色和你需要传递的信息。越正式的场合，穿着的服装款式应越简洁，颜色应越单纯，面料应越考究，饰品应越简约。

3.面试穿着

有一种场景是同学们最关心的，就是面对考官、面试官的时候，如何穿着能够给自己加分，给对方留下美好印象。职场人士指出，实际上在应聘者踏入大门的最初几十秒，主考官就决定了是否要录用你。因此，如果在最初的几十秒，你不能通过你的仪表、谈吐、态度建立良好的第一印象，那么你在后期面试答题的过程中，就需要花费更大的精力去展示自己，与别人竞争。

（1）研究生面试。

继续读研深造的同学，依然会延续学生的身份，面试的时候，只要不给面试官留下邋遢、幼稚、随便的印象，尽量穿着简介、大方、得体就很好。在衣服的款式方面比较利落修身，不会过于宽松或者过分紧身；设计上没有太多赘饰、花纹、字母、图案；面料略显硬挺，同时表面看不到多余毛球、线头或者污渍；颜色以白色、米色、淡蓝色、浅灰色、浅咖色为主，这些色彩整体色调偏明亮，同时搭配小面积的靓丽色彩，能够衬托穿着者睿智冷静的精神面貌，散发出与年龄相一致的青春感。

选择简洁服饰的同时，穿起来感觉最舒服的服装，能够让自己的身心在进入考场之前都处在一个放松而不拘谨的状态里，给自己传递一个积极健康的心理暗示。同时，"用力过猛"的打扮容易形成"衣穿人"的尴尬形象，比如，选择过于正式、严肃而又显得过于职业化的商务装，衣服与自己的年龄、身份、阅历都不相称，看起来过于拘谨和不自信，反而会让自己感觉很不自在。

面试的发型要露出五官，与考官进行眼神交流是非常必要的。女生的长发可以或编或盘，配合干净清爽的妆容与低调的小配饰，是一种值得信赖的整体印象。男生的胡子、头发要清洗修剪得清爽，也可以借助一点美发产品让发型看起来更利落。

TIPS:

◆ 女生的妆容颜色要整体和谐，偏淡一点。
◆ 不要把眼妆涂得红红的，蓝绿色眼影更不要碰。
◆ 不要擦艳丽的大红色或玫粉色口红。
◆ 豆沙色、珊瑚色的口红与任何肤色都很相衬，也会让人显得气色很好。
◆ 粉底选和自己肤色相近的色号，脸颊和脖子交界处也擦一点。
◆ 指甲保持干净，如果做美甲，裸色系最佳，避开乱七八糟的颜色和图案。
◆ 眼镜的镜片擦干净，镜框要适合自己的脸型，慎选夸张的黑色粗镜框。
◆ 如果佩戴有度数的变色镜，尽量提早进入室内环境，避免戴着"墨镜"进入考场，否则会显得很没有礼貌。

（2）职场新人面试。

要相信面试官的职业素养，同时也要深谙"细节决定成败"这个道理。一般情况下，职场新人面试时最好穿着带有商务元素的服装，不建议在衣服上过于标新立异。一方面很有可能与面试公司的整体环境格格不入，另一方面也会给自己制造一定的心理压力。如果应聘销售、品牌公关、市场以及高级职位，穿深色或者灰色的修身套装会比较合适。如果到网络公司应聘，便装也不会有太大问题。如果应聘设计师或时尚媒体方面的工作，可以穿得更有创意和个性。

如果因为着装问题给面试官留下不好的第一印象，那后面准备再多应试技巧也是收效甚微，所以请务必重视起来。服装问题应该在面试前一天就决定，考虑周到的同时不要临时变卦。可以在面试前留下充足的时间多穿、多换、多尝试，找到令自己最舒服、最自信的服装。

特别需要注意的是，很多修身的衣物需要细心打理、熨烫，衣服出现褶皱很难看，也会给人留下粗糙邋遢的感觉（图7-5）。一定要在面试头两天检查衣服状况，发现问题及时处理，这样就不会在面试的那一天急急忙忙、慌慌张张，避免不必要的尴尬，减少心理负担与焦虑感。

机会总是留给有准备的人。

图 7-5

TIPS:

◆ 如果选择西装，肩宽一定要合适，否则人会看起来没精神。
◆ 时尚款的大码西装并不适合面试穿着，尤其对于娇小身材的女生很不友好，容易显得邋遢。
◆ 外套不要太长，从侧面观看长度应处在臀部中间或上方一点即可。
◆ 西装的袖长到手关节位置较为合适。
◆ 下装建议穿剪裁直顺利落的裤子，行动方便的同时，看起来也十分干练。
◆ 不要穿破洞牛仔裤。
◆ 裤子或裙子的面料、颜色和上衣尽量接近。
◆ 裙子长度保持在膝盖以下，穿裙子时应注意坐姿。
◆ 如果不穿西装，浅色带领衬衫搭配中性色的针织开衫是百搭不出错的选择。

（3）线上面试（图7-6）。

当代很多企业的组织关系不再像以往那般依赖于线下合作，而是通过线上协作的形式进行管理。同时，社会上的求职方式也发生了巨大的变化，不少企业将招聘面试安排在线上进行。求职者通过互联网投递简历，面试官打电话给应聘者确定面试时间，之后通过邮箱发送正式的面试邀请，邮件内容包括公司的基本介绍，以及如何下载面试软件，进行线上面试的相应准备工作等。

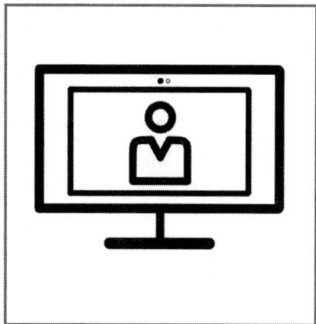

图7-6

线上面试与传统面对面的交流方式有很大区别，线上面试的求职者需要注意如下要点：

第一，提前检测并擦拭摄像头。反复确认手机端或计算机端的摄像头可以正常使用，拍摄出来的画面非常清晰。很多公司不允许面试者设置虚拟背景，因此要提前调试画面，尽量不要出现诸如床、沙发、街道、公园等嘈杂混乱的背景，类似的背景出现在画面中，只会让面试官认为你很懒散，缺乏专业度，或者你不够重视这次面试。纯色背景是最安全、最保险的，比如白墙或者纯色的窗帘，整齐的书架也是一个不错的选择，同时配合一些柔和的灯光，清晰明亮而又规整洁净的画面会从侧面衬托你的品位与素养，给面试官留下良好的第一印象。

第二，确认话筒和耳机的功能完备。提前与家人或朋友反复测试，避免声音播放后出现回传，产生回音或杂音。另外，一定与家人或室友沟通清楚，保证在面试过程中没有人来打扰。同时选择有一定隔音效果的房间，让面试始终处于绝对安静的环境中。

第三，确保摄像头的位置与眼睛是平视的。面试过程当中计算机和iPad横屏是最佳效果，并固定好整个机位。面试的时候可以解放双手，适当地使用手势能够让你更好地表达自己，显得更加自信。

第四，检查自己的衣着装扮。当天穿着的衣服色彩要与背景形成较为鲜明的反差，如果是白色墙面，那就要穿颜色重一些的衣服，反之亦然。女生的妆容要淡雅，男生要收拾得干净整洁，整体着装原则与线下面试并无二致。

第五，提醒自己眼神交流。因为无法直面对方，线上面试非常容易忽视眼神交流，很多人过分关注自己的视频画面。其实眼神的焦点不是视频画面中的自己，而是摄像头。可以在摄像头旁边贴一个小标记，提醒自己与另一边的面试官进行眼神的交流。

第六，表达简明扼要。面试官经常会让面试者进行一个简单的自我介绍，因此在开场的30秒，面试者必须要很迅速地判断出你的能力是否与公司的岗位相匹配。比如，我是谁，我的学校，我的专业以及我认为我有哪些能力匹配这家公司的岗位，言简意赅，绝不拖沓。

TIPS:

◆ 把自己当成一个求职者，而不是一个参加面试的学生。
◆ 即便面试软件有美颜功能，也不要把功能开到最大。
◆ 不要设置任何草稿或者是题板，也不要在面试过程中去看题板，否则会显得你非常没自信。
◆ 仔细了解对方企业或公司的基本情况，展现出你的诚意。
◆ 面试前做好充分的准备，分别做一个3分钟、2分钟、1分钟的自我介绍。

●**思考题**

你了解你所在公司的企业文化吗？大家平日里穿着什么风格的服装？请尝试说明。

●**练习题**

假设几个面试题目，穿着合适的服装，录制一个模拟视频，看看自己在视频里的状态和表现，不当之处及时调整。

第八部分

自我认知

1.关于自己（图8-1）

图8-1

在这个多变的时代里，随着我们每个人的不断成长，我们在社会中也要承担越来越多的责任，不断迎接更大更强的挑战，力求创造更大的价值。这需要我们沉下心来重新认知自我，不断塑心、塑身、塑德、塑行，挖掘自己的潜力，拓展自己的边界，做更好的自己。

如果将每个人比喻成一棵树，树根是埋藏在内心深处的"真实自我"，是每个人明确而真实的脾气秉性、信念、价值观、体质等，这些内在的个人本质决定了我们如何呈现自己。但是，并不是每一个人都深度地探究过自我。我们疲于奔命，忙着上学，忙着找工作，忙着上班，忙着生活，绝大部分人没有机会静下心来正视过自己，没有仔细地思考过"我是谁"这个问题。

我们需要了解在目前这个人生阶段，我是一个怎样的人？我想要成为什么样的人？我的长处是什么？我做事的方式是什么？我的兴趣和激情在哪里？我的脾气秉性，天生的性格趋向是什么？我的价值观又是什么？等等。这些问题都能够潜移默化地引导我们生活的方向，是我们做决策和选择目标的指南针。这一系列问题的答案能够让我们了解自己多一些，能够更理智地面对问题与挑战，也能够做出更周全的反应。

山本耀司曾经形容"自己"这个东西是看不见的，需要跟很强的东西、可怕的东西、水准很高的东西相碰撞，然后反弹回来，才知道"自己"是什么，才会了解"自己"。碰撞后的疼痛让我们思考，让我们认识自己所能承受的临界点在哪里。通过碰撞，我们不断地提升自己的抗压能力，不断地吸取教训，明白下次应该如何避免。

老子在《道德经》中阐述过："知人者智，自知者明。胜人者有力，自胜者强。"自我认知有很多不同的维度，学术界对此的看法也不尽相同。我们可以尝试从以下几方面不断地去认识自己，这是我们每个人独特的"基因"。

TIPS:

◆ 你了解自己的体质吗？比如，你每天需要几个小时睡眠？你在什么时间段工作效率最高？

◆ 你的性格优势与软实力是什么？比如，你在精神疲惫时，希望独处还是喜欢聚会？

◆ 能长时间让你聚焦的事情是什么？比如，什么是你永远想做的事情？你对什么始终激情不减？

◆ 你的做事风格和性格特征是什么？比如，做什么事情让你得心应手？什么事做起来力不从心？

◆ 你觉得生活的最终意义是什么？比如，你认为做过的最有意义的事情是什么？

◆ 上一代传承给你，你希望传承给后代的做人理念与价值观是什么？比如坚韧、正直、责任心、健康……

---

2. 自我认知的重要性

心理学对"自我"的定义[1]（图8-2）："对自己的特点行为表现等属性的认知，它是对自己发生的动作行为采取的决定、逻辑推断、生活体验等的组织、

---

[1] 沙莲香，社会心理学 [M]. 北京：中国人民大学出版社，1987：167.

图 8-2

调节与控制，是以人的躯体及其所属社会财富、社会资源为基础的一种特殊心理过程。"自我认知是对自己的洞察和理解，包括自我观察和自我评价。自我观察是指对自己的感知、思维和意向等方面的觉察；自我评价是指对自己的想法、期望、行为及人格特征的判断与评估，这是自我调节、自我提升的重要条件。简单来说，"自我认知"就是一个人对自己的了解程度。

在四年的大学生活中，大学生有一个非常重要的任务，就是必须要正确地、客观地认识自己。作为个体的人，我们要不断地向内求。自我认知的好处有很多。比如，自我认知度高，我们会更加自信，因为我们了解自己是什么样的人，在不同的情况下会有什么样的想法和行为；我们会有更好的决断力，尤其当面临重大选择时，我们会根据自己的价值观做出判断，内心不纠结、不彷徨，懂得取舍，也能更从容地抵抗社会压力；我们会有更好的自控力，对自己的人生有更好的规划，能够坚定信念为了确定的目标去努力，同时抵挡不必要的诱惑，少走一些弯路；我们会更加自爱，对于自己的弱点和缺点的认知更深，更容易接纳自己的不完美和不足，同时会更富有同理心与共情力，成为真实的自己会让我们更富有活力[1]。

自我认知度的高低会受到我们的欲望和目标的影响，受限于我们的视角。刚开始进行自我认知的时候，我们对自己的认识是混乱的，支离破碎的，就好象我们对刚认识

---

❶ 温迪. 你的品牌，价值千万 [M]. 北京：人民邮电出版社，2018：35-75.

的朋友一样，只能通过只言片语来判断，这是非常正常的现象。有时候我们也并不是不了解自己，而是出于某些原因拒绝关注自己，了解自己，造成对自己的深度认识和挖掘不足。那么，把"自我认知"当作一堂人生的必修课，即便大学毕业之后，在今后的人生旅途当中，去不断的自我检视，都能够对我们的生活工作起到一定程度的、积极正面的作用。

案例一

曾经有一个学生感到很迷茫，她觉得自己是一个干什么似乎都很平庸的人，没有特别出众的才能，也没有特别不擅长的、厌恶去做的事情。有一次她在整理自己手机相册的时候发现，平时自己外出旅游、看展、休闲娱乐时候拍的那些照片，几乎都没有风景，所有的图片内容都是她所看见的人，包括她的同学、朋友、家人、路上的陌生人。这些看似无意识的拍摄实际上展现出了她对"人文"的浓烈兴趣，她惊喜地发现自己喜欢观察人，善于去感受这些人身上的喜怒哀乐，更乐于去想象在照片记录的那一瞬间这个人背后可能发生的故事。后来这个学生开始主攻"用户调研"，用她自己的话形容就是，不能说自己在这个领域多么有天赋，但是我正在做自己非常热爱并且擅长的事情。[1]

批注【1】：希望通过这个同学的真实案例能够带给大家关于"自我认知"的启发。

案例二

很多 HR 在面试的时候都会询问应聘者的"优缺点"，大家一定要提前针对这个问题进行深度思考。比如你可以做如下回答：

我这个人不太擅长拒绝，在过往的工作当中，如果有同事找我帮忙，因为我不会拒绝，所以无形当中给自己增加了很多的工作量，在项目当中也给自己造成了比较多的压力，没有办法做到时间、精力方面的平衡。但是，针对这个问题，我自己也进行了一个总结和反思，我事后就会把事情按照优先级列出来，可以拒绝可以延迟的事情放到后面去做，我也会去做一些沟通，所以我整体还是有一些进步的空间。[2]

另外，我的优点是能与周围人相处得非常融洽，沟通能力方面完全没有问题。[3]给您举一个小例子，在之前的工作岗位上，我们负责的产品需要临时追加一个功能，当我和研发人员沟通这个问题的时候，他们立刻回复说这个功能实现不了。这个回答并没有让我马上放弃，而是与他们进行了进一步沟通，尝试询问到底是因为行业内这项技术根本没有被突破，我们需要更换方案，还是这个技术已经被突破，但我们公司没有这个技术储备，需要去进行外购。通过沟通，最后了解到这项技术在业内确实没有被突破，因此需要我们对原方案进行调整。

批注【2】：一定要体现出你对自己的思考，你有没有试图去改变这个缺点。如果你只是说我有这个缺点，但是我也没想着去改变它，那就在一定程度上说明你本人对自己没有提升的意愿和要求。

批注【3】：你一定要能够证明你的沟通能力强，同时要准备好小故事去证明，不能只是说说而已。空口无凭地夸奖自己是没用的，一定要有例子来证明。

3.认知测试

互联网上有很多关于"性格测试""职业测试"的信息，请感兴趣的同学自行搜索去测试一下。测试出的答案没有"正确"和"错误"之分，这个答案也只是你现阶段认识自己优缺点的一个参考维度。它可以帮助你认识自己的优点，以及了解你自己可能会喜欢什么样的工作，并理解不同性格的人们在工作中是如何相处并为社会做出贡献的。

哲学家康德在《人类实用学》里面对"人是什么？"进行了一个解释，就是"人具有一种自己创造自己的特性"。我们每一个人的人生，都在经历着一个不断认识自我、评价自我的过程。这个过程将是困难的、变化的，而且是终身的。因为一个人的自我总是隐藏在重重的迷雾之中，随着人生的际遇与经历而不断地改变。因此，错误的、僵化的自我认识与自我评价不可避免地限制甚至是伤害一个人的人格发展。我们看到的自己，并不一定总是我们喜欢的样子。从当下的你，变成你想成为的自己，必定要经历行为和态度的转变，需要付出艰辛的努力，需要勇气和决心。认识到你在表达沟通中的问题，通过不断地积累、练习去优化你的表达效果，提升你的沟通技巧。

●思考题

　　从《专业表达与沟通》这门课程的角度，大家可以问问自己，在平时的学习与生活中，我是不是一个善于表达与沟通的人？如果答案是否定的，那么影响我顺畅表达与沟通的原因是什么。比如，是信息归纳与传递的精确性问题，是思路的逻辑性问题，是自身的理解问题，还是自身的情绪问题。了解自己以往沟通时的问题与优势，带着答案来学习《专业表达与沟通》这门课程会更加有针对性，学习效果会更显著。